글로벌 인재들을 위한
한국어 특강

글로벌 인재들을 위한

한국어 특강

성초림, 이상원, 김진숙 지음

황소자리

이 책은 왜 쓰였나

통번역대학원에는 한국어를 훈련하는 과목이 있다. 한국어가 모
국어가 아닌 학생들뿐 아니라 태어나면서부터 한국어를 듣고 익혀온
학생들도 듣는 과목이다. 학기 첫 날, 이 과목에서 무엇을 배우고 싶
은지 물어보면 '고품격의 언어를 구사하고 싶다' 또는 '품위 있는 어
휘를 사용하여 유창하게 말하고 싶다' 같은 답변이 나온다. 학생들이
이렇게 답변하는 바탕에는 '나는 한국어를 충분히 잘 하는 사람이고
다만 조금 더 유려한 표현 능력이 필요할 뿐'이라는 생각이 있다. 물
론 이 생각은 곧 깨진다. 충분히 잘 하기는커녕 곳곳에 구멍이 나 있
다는 점을 깨닫게 된다. 이런 상황이 비단 통번역대학원 학생들에게
국한되지는 않으리라는 생각이 책의 출발점이 되었다.

이 책을 함께 쓴 세 사람은 통번역대학원을 졸업하고 통번역대학원에서 통역과 번역, 한국어 관련 강의를 해 왔다. 한국어를 전공했거나 관련 학위를 가진 사람은 없다. 그리하여 이 책은 강의실과 통번역 현장에서 찾아낸 한국어의 다양한 소통 문제를 토대로 하고 있다.

이 책의 첫 번째 목적은 독자들이 자신의 한국어를 점검하고 문제를 발견하며 개선 방향을 찾도록 하는 것이다. 통번역사를 지망하는 사람은 물론이고 한국어의 읽기, 쓰기, 듣기, 말하기에 관심이 있는 모든 사람에게 유익한 기회가 되지 않을까 한다. 통번역이 자신과 영 거리가 멀다고 생각하는 분이 있을까봐 조금 덧붙이자면 통번역사를 지망하는 것과 한국어에 관심이 있는 것 사이의 차이는 생각보다 크지 않다. 통번역의 핵심은 전달과 소통이다. 한국어의 핵심도 마찬가지이다. 그저 언어가 하나, 또는 두 개 이상 개입된다는 차이가 있을 뿐이다.

두 번째 목적은 통번역 교육에서 한국어가 차지하는 위치를 강조하려는 것이다. 지금까지 통번역 교육에서 중심을 이룬 것은 외국어 능력의 향상, 그리고 전문 용어의 강화였다. 한국어, 특히 모국어로서 한국어는 크게 주목받지 못했다. 하지만 외국어 능력을 높이고 전문 용어를 익히는 도구는 한국어일 수밖에 없다. 모국어를 효율적으로 사용하지 못하는 사람은 외국어에도 능통해지기 어렵다.

이 책은 어떻게 구성되었나

이 책에서 다루는 한국어의 초점은 이해와 전달에 있다. 어떤 목적이냐에 따라 같은 한국어라도 서로 다른 측면을 강조하게 될 것이다. 예를 들어 문학 작품을 쓰기 위한 한국어와 신년 연설을 하기 위한 한국어는 그 특징이 매우 다르다. 통번역을 염두에 둔 한국어는 이해와 전달을 중심으로 한다. 이해와 전달이라는 특징은 이후 다양한 장르와 용도의 한국어로 가지를 뻗어 가기 위한 기본 형태라고도 할 수 있다.

이 책은 작은 단위에서 큰 단위로 나아가는 식으로 구성되었다. 자모와 음절을 정확히 발음하고 맞춤법과 띄어쓰기 오류 없이 쓰는 단계에서 출발해 텍스트를 이해하고 전달하는 단계를 거쳐 소통 상황 등 텍스트를 둘러싼 요소를 고려하는 단계에 이른다.

목차는 잘 전달되도록 말하고 쓰기 위한 1단계(문장 이전 단계), 바른 문장을 만들기 위한 2단계(문장 단계), 텍스트를 분석하고 재구성하는 3단계(문장 이상의 텍스트 단계), 상황과 수신자를 고려해 글 쓰고 말하기 위한 4단계(사회적 문화적 단계)로 이루어져 있다. 각 단계에서 필요한 사항들이 하위 장으로 구성되었고 각 사항에 대한 설명과 함께 연습 방법도 소개했다. 실제로 통번역대학원 강의실에서 활용되는 연습들이다.

이 연습들은 혼자 하는 것보다는 친구와 짝지어 서로 도와가며 해 보기를 추천한다. 혼자서는 충분한 점검이 어렵기 때문이다. 이해와 전달이라는 우리의 목표 자체가 나 외 타인을 염두에 두고 있지 않은가.

🔍 누가 어떻게 활용할 수 있을까

통번역 일을 하고 싶은 분들, 통번역대학원 진학을 생각하는 분들이 가장 먼저 이 책을 집어 들지 않을까 생각한다. 이 경우 책을 통해 한국어를 점검하는 것뿐 아니라 통번역 업무와 관련되는 여러 가지 문제들을 미리 접할 기회가 될 것이다.

통번역을 가르치는 교사와 강사들에게는 이 책이 강의 운영, 더 구체적으로는 한국어 피드백에 도움을 줄 수 있다. 통번역 수업에서는 외국어와 함께 한국어가 개입되기 마련이다. 한국어가 외국어로 옮겨지는 원본에 사용되었든 외국어로부터 옮겨지는 결과물에 사용되었든, 통번역 과정에서 한국어 분석과 산출은 중요한 역할을 한다. 전문 대학원에 국한되었던 통번역 교육이 학부 전공으로까지 확산되면서 통번역을 위한 한국어 교육의 필요성이 점점 커지고 있지만 그 내용과 방법론에는 아직 합의가 이루어지지 않았다. 이 책이 그 여정의 한 걸음이 될 수 있으리라 본다.

한국어를 배우는 외국인이 점점 늘어나는 추세이다. 통번역이 가능한 정도까지 한국어를 익히고자 하는 외국인 혹은 교포들은 앞에서부터 차근차근 읽어가면서 자신에게 부족한 점을 채워 갈 수 있을 것이다. 덧붙임으로 따로 제시한 한자와 고사성어 부분도 도움이 되리라 기대한다.

통번역대학원 혹은 학부에서 한국어를 가르치거나 그 교수법을 연구하는 분들은 이 책을 읽어 나가면서 나름의 경험과 생각을 정리할 수 있을 것이다. 도움이 되고 실제 적용하고 싶은 부분을 찾을 수 있다면 영광이겠다. 부족하거나 동의할 수 없는 내용에 대한 문제제기는 늘 환영이다.

⌕ 미리 밝혀 두는 몇 가지

통번역이라고 부르는 범주에는 참으로 다양한 활동이 들어간다. 문학 번역, 고전 번역, 영상 번역, 뮤지컬 번역, 정상회담 통역, 기업 협상 통역, 법정 통역, 의료 통역 등 무수히 많은 분야가 있고 시대가 변하면서 새로운 분야들이 계속 더해진다. 그 각각의 분야마다 통번역의 특징과 의미가 달라진다. 이 책에서 말하는 통번역은 실무 통번역이다. 실무 통번역에서는 말하고자 하는 바를 잘 이해해 전달하는 것이 핵심이다. 따라서 이 책에서는 기본적 이해와 전달에 초점을 맞춘다. 기본적인 이해와 전달 능력이 먼저이고 분야에 따라 달리 요구되는 능력은 그 다음에 발전 보완시켜야 할 과제라 판단하기 때문이다. 특정 분야의 통번역에 관심이 있는 분은 이 점을 염두에 두고 책을 읽어 나가 주었으면 한다.

독자 중에는 이 책이 한국어에 관한 책인지 아니면 통번역에 관한 책인지 혼란스럽다고 느끼는 분이 있을지도 모른다. 필자들도 책 내용을 정하고 연습 방법을 포함시키면서 이것이 한국어 연습인지 통번역 연습인지 구분하기 어렵다는 생각을 했고 토론을 벌이기도 했다. 그리고 분명하게 구분되지 않는 것이 당연하다는 결론에 이르렀다. 앞서 언급했듯 한국어와 통번역은 모두 전달과 소통을 위한 도구들로 서로 간의 거리가 그리 멀지 않다. 한국어로 더 잘 이해하고 전달하는 방법을 고민하는 것은 곧 통번역을 더 잘 하기 위한 고민과 맞닿아 있다. 그래서 조금 욕심을 내자면 여러 언어가 개입되는 통번역에 별 관심이 없는 독자라 해도 이 책을 읽으면서 자신이 사용하는 한국어가 이해와 전달, 소통이라는 본래의 기능에 얼마나 잘 부응하는지 한 번 더 생각하고 점검할 수 있지 않을까 기대해 본다.

이 책 곳곳에 실제 학생들이 연습 문제를 수행한 결과물이 제시되어 있다. 이는 독자들의 이해를 돕기 위한 예시일 뿐 모범 답안은 아니다. 오해가 없기를 바란다. 앞으로 몇 차례 강조하겠지만 이 책의 문제들에는 정답이 없다. 우리의 언어활동이 본래 그렇다. 각자의 경험과 판단에 따라 자신에게 가장 적합한 답을 찾을 뿐이다. 그러니 독자 여러분도 정답에 대한 집착은 버리고 생각의 폭을 넓혀 주었으면 한다.

차례

여는 말

4단계: 상황과 수신자를 고려한 글쓰기와 말하기

닫는 말

덧붙임

잘 전달되도록
말하고 쓰기

1단계는 문장을 구성하기에 앞서 토대를 닦는 단계이다. 문장의 구성 요소들이 잘 전달되도록 하는 것이 목적이다.

'잘 전달되도록 말하고 쓰기'라는 1단계의 명칭을 보면 듣기, 말하기, 읽기, 쓰기라는 언어의 네 영역 중에서 말하기와 쓰기가 강조되어 있다. 이 두 영역은 능동적 언어 산출 부분이고 통번역 결과물로 직접 드러나는 특성을 지닌다. 잘 말하려면 잘 들어야 하고 잘 쓰려면 잘 읽어야 하므로 말하기와 쓰기, 그리고 듣기와 읽기를 무 자르듯 구분하기는 어렵다. 하지만 이 1단계에서는 다소 무리한 인위적 구분을 감수하면서 산출 부분에 초점을 맞추려 한다.

한국어를 외국어로 학습하는 외국인이나 두 번째 모국어로 삼는 교포의 경우 한국어 말하기와 쓰기 교육의 필요성은 따로 언급할 필요가 없을 정도로 분명하다. 하지만 '한국어가 내 모국어이고 지금까지 아무 불편 없이 사용해 왔어.'라고 생각하는 사람에게도 통번역을 위한 정확한 말하기와 쓰기 교육은 필요하다.

그 이유는 우선 알게 모르게 저지르는 잘못이 적지 않기 때문이다. 일상적 의사소통에서는 틀린 발음이나 앞뒤가 맞지 않는 문장을 써도 내 의사를 전달하는 데 별 문제가 발생하지 않는다. 상대방이 상황 맥락에 따라 이해해 주기 때문이다. 그러다 보면 잘못이 고쳐지지 않고 고정되어 버린다.

반면 통번역을 할 때의 한국어는 일상적인 한국어에 비해 그 전달력이 최대한으로 확보되어야 한다. 일 대 일 소통보다는 일 대 다(一對多), 즉 통번역사 1인이 다수의 다양한 청중이나 독자를 상대하는 상황이어서 그렇다. 올바른 말하기와 글쓰기 교육이 필요한 두 번째 이유가 바로 여기서 비롯된다. 통번역에서는 최대한 잘 전달되도록 말하고 씀으로써 오해 가능성을 최소화해야 한다. 통번역사가 발신하는 메시지가 청중과 독자에게 수신되는 과정에서 한국어는 통로이자 매체이다. 통로가 훤히 뚫리지 않는다면 메시지의 성공적인 전달은 애초부터 기대하기 어렵다.

여기서 '정확하게'가 아니라 '잘 전달되도록'이라고 표현하는 까닭은 통번역을 한다고 해서 아나운서나 국어학자가 될 필요는 없기 때문이다. 대부분의 청자와 독자가 무리 없이 이해할 수준이면 충분하다. 예를 들어 장단 모음의 미세한 구별 등 표준 발음법의 철저한 준수까지는 요구되지 않는다. 표준 발음은 현실 발음과 어느 정도 차이가 있을 수밖에 없다. 통역사는 모범을 보여 주며 표준 발음 규범을 전파하는 사람이 아니다. 이 점에서 아나운서와 통역사는 역할이 조금 다르다. 물론 통번역사가 어문 규범을 빠짐 없이 준수한다면 금상첨화이리라. 하지만 통번역사의 최대 과제는 전달력 확보이고 문장 이전 차원에서의 말하기와 쓰기가 충분히 전달 가능한 수준에 도달했다면 그것으로 일단 만족할 수 있다.

잘 전달되도록 말하기

　통역을 하려면 수신자에게 잘 전달되는 말하기 능력이 갖춰져야한다. 잘 전달되는 말하기 능력이란 무엇일까? 표준적인 청자가 듣고 이해하는 데 문제가 없게끔 발음과 억양, 발성을 갖추는 것이다.

　자신이 잘 전달되도록 말하고 있는지 한 번 생각해 보자. 가족, 친구 등 가까운 사람들과 대화할 때 내가 하는 말을 상대가 잘못 알아듣고 되묻는 일은 없는가? 처음 만나는 이와 대화할 때, 누군가와 전화 통화를 할 때는 어떤가? 혹시라도 말이 빠르거나 느리다고, 목소리가 크거나 작다고, 특정 발음이 부정확하다고 지적받은 일은 없는가? 발음이 정확하더라도 소리가 청중의 귀에 꽂히지 않는다면, 또한 잘 들리는 목소리라도 발음이 우물거린다면 전달력이 충분히 확보되지 못한다.

　책, 신문기사, 사설, 광고지, 각종 안내문 등 주변에 있는 글을 낭독하며 그 소리를 녹음해 보라. 사람들과 대화할 때 내가 하는 말을 녹음해도 좋다. 2~5분 길이면 충분하다. 며칠이 지나 낭독한 글이나 대화의 내용이 가물가물해졌을 때 조용한 곳에서 녹음을 들어 보라. 예상과 다른 낯선 목소리에 당황할 필요는 없다. 녹음된 목소리는 말하면서 동시에 귀로 듣게 되는 내 목소리와 전혀 다르게 느껴지는 것이 당연하니 말이다. 중요한 것은 녹음을 통해 내 발음과 억양, 발성을 확인하는 일이다.

녹음을 들으면서 구체적으로 무엇을 확인해야 하는지 발음과 발성으로 나누어 하나씩 살펴 보자.

🔍 발음과 억양에 문제가 없는가?

① 자음과 모음 발음은 정확한가?

자모의 정확한 발음은 기본 중의 기본이다. 학생들에게 자주 문제로 대두되는 자음은 [ㄹ], [ㅅ]이다. 정확한 음가를 내지 않고 '보람'은 [보암]에 가깝게, '살림'은 [샬림]에 가깝게 발음하는 경우가 많다.

모음의 경우 [어]와 [오], [애]와 [에] 발음의 불분명한 대립 문제가 자주 목격된다. 이는 힘들이지 않고 편안하게 발음하려는 성향에서 비롯되는 문제들이다.

'습니다'와 같은 문장 종결 부분을 웅얼거리며 불분명하게 발음하는 경우도 적지 않은데 이 역시 고쳐야 할 습관이다. 문장을 정확히 끝맺음하고 있는지 살펴 보아야 한다.

이중모음이 단모음으로 줄어들지 않는지도 확인하라. 예를 들어 '권유'를 [고뉴]라고 발음하지는 않는가?

② 경음과 격음의 대립, 경음화가 분명히 나타나는가?

외국인 학생들이 특히 고전하는 부분이다. [ㅆ] 경음 발음을 약화 시키는 영남권 방언 사용자도 여기에 해당된다. [ㄷ, ㄸ, ㅌ] [ㅂ,ㅍ, ㅃ] [ㅈ,ㅊ,ㅉ]의 자음 대립을 분명히 구분해 발음할 수 있도록 연습 해야 한다. 성과[성꽈], 질적[질쩍] 등에서 경음화가 제대로 이루어지 지 않으면 의미 전달에 문제가 발생한다.

③ 습관적으로 잘못 발음하는 어휘는 없는가?

'가르치다'를 [가리키다]로, '직접'을 [집적]으로, '잃어버리다'를 [잊 어버리다]로 잘못 발음하는 현상이 자주 발견된다. '빛을'[비츨]과 '빗 을'[비즐]을 혼동하여 발음하는 경우도 많다. 통역 상황에서 이런 잘 못은 의미 오해를 불러올 수 있으므로 신경 써서 교정해야 한다.

④ 의사소통을 방해하는 방언 발음이 있는가?

통역사에게 어느 정도까지 방언이 허용될 수 있는지에 대해서는 아직 합의가 이루어지지 않았다. 무조건 표준어를 사용해야 했던 과거에 비해 압박이 많이 줄어 들기는 했지만 강한 방언 발음은 교정할 필요가 있다. 표준적 청자가 듣고 이해할 수 있는가가 기준이다. 청중들이 이어폰을 통해 통역사의 말을 들어야 하는 동시통역에서는 순차통역보다 표준 발음 요구도가 더 높다. 지역 방언 사용자에게 주로 문제되는 발음은 [에]와 [애]의 불분명한 대립, 그리고 [ㅅ] 자음이다.

발음을 넘어서 어휘도 점검할 필요가 있다. 특정 지역 안에서만 통용되는 명사나 부사를 사용한다면 듣는 사람이 어리둥절할 것이다.

🔍 발성에 문제가 없는가?

발성이나 성량 차원에서도 전달력을 갖춰야 한다. 이와 관련해서는 다음과 같은 문제가 흔히 나타난다.

① 성량이 적절한가?

통역을 위해서는 일정 성량 이상의 적극적 발성이 필요하다. 청중의 귀에 소리가 명확히 전달되어야 하기 때문이다. 하지만 긴장감 혹은 소극적 성향 때문에 소리가 작아지거나 웅얼거리는 경우가 적지 않다. 문장이 시작되는 부분이나 끝나는 부분에서 소리가 너무 작지는 않은지도 살펴 보라.

② 말하는 속도가 적절한가?

청중이 잘 알아 듣도록 하려면 너무 빨리 말해도, 너무 천천히 말해도 곤란하다. 통역사들은 대개 말이 빨라지는 경향이 있어 천천히 말해 달라는 요청을 받곤 한다. 빠른 속도의 말하기가 이어지면 청중은 정보를 제대로 받아 들여 처리하기 어려워진다. 지나치게 천천히 말해도 정보의 흐름이 잡히지 않아 이해하기 어렵다.

말하는 속도는 내용의 난이도와도 관련이 있다. 청중에게 익숙한 정보를 전달한다면 조금 빨리 말해도 무방할 것이다. 조금 빨리 말하는 경우에는 문장 사이, 접속어 앞뒤, 핵심적인 개념이나 표현 앞뒤에 약간씩 휴지부(休止行)를 두어 듣는 사람이 생각을 정리하도록 하는 것이 전달에 도움이 된다.

③ 말소리의 높낮이가 적절한가?

말소리가 너무 낮으면 듣는 사람이 자모 발음을 또렷하게 구분하기 어렵고 너무 높으면 듣는 사람이 쉽게 피곤해진다. 높낮이의 변화 없이 단조롭게 말을 이어 가면 지루해진 청중이 졸게 될 수도 있다. 말하는 사람이 편안하게 오래 말할 수 있고 듣는 사람도 부담 없이 들을 수 있는 높낮이를 잡아야 하며 또한 내용의 경중, 강조점에 따라 높낮이를 유연하게 조절할 수 있어야 한다.

🔍 잘 전달되도록 말하기 위한 연습

통역에 적절한 발음과 발성을 갖추려면 다음과 같은 연습이 유용하다.

발음과 발성 연습 1 _ 소리 내어 자료 읽기

신문기사도, 방송 텍스트도, (화장실에 앉아 있다면) 샴푸 등의 사용 설명서도 좋다. 소리 내어 읽기는 통역사나 아나운서들도 매일 하는 연습이다. 텍스트를 소리 내어 읽는 연습은 잘 안 되는 발음을 반복해 익히고 발성을 가다듬는 기회가 된다. 더 나아가 단문 중심의 일상어를 넘어서 복잡한 구조의 문장을 익히고 익숙해지는 방법, 시사 정보를 습득하는 방법이기도 하다. 매일 10~20분을 할애해 규칙적으로 연습해야 효과적이다.

내용을 생각하지 않은 채 기계적으로 읽지 않도록 주의하라. 늘 가상의 청중을 염두에 두고 전달 가능성을 고려하며 읽어야 한다. 이 차원에서 서술 어미를 '이다'에서 '습니다'로 바꾸면서 읽기, 긴 문장을 나누고 정리해 가며 읽기 등 여러 가지 변형 연습이 가능하다.

발음과 발성 연습 2 _ 방송 아나운서의 발음과 억양 듣고 따라 읽기

라디오 뉴스처럼 정확한 발음과 억양으로 진행되는 방송을 자료로 한 연습이다. 모범이 되는 발음과 억양을 따라 한다는 점에서 앞서 소개한 소리 내어 자료 읽기와 차별화된다. 혼자서 계속 틀리던 발음이나 어색한 억양을 바로잡기에 유용하다.

라디오 뉴스를 특히 추천하는 이유는 TV 뉴스의 경우 아나운서의 표준적 발화보다는 기자나 리포터의 보도가 많고 시사 프로그램의 경우 인터뷰가 많아 표준적인 발음과 억양을 기대하기가 어렵기 때문이다. 짧은 라디오 뉴스는 대개 전체를 아나운서가 진행하곤 한다. 이 때 텍스트와 음성 파일이 모두 제공되면 좋겠지만 음성 파일만 있는 경우가 대부분이다. 하지만 뉴스의 경우 신문기사나 TV 방송에서 거의 유사한 보도문을 찾을 수 있으니 보도문을 참고하여 텍스트 듣기를 연습하면 된다.

처음에는 텍스트를 눈으로 보면서 귀로 듣는다. 다음으로는 들으면서 동시에 속삭이는 소리로 읽는다. 마지막으로 들으면서 동시에 큰 소리로 읽는다. 이렇게 연습하면 아나운서의 자모 발음, 경음화, 끊어 읽기, 높낮이 등을 따라 할 수 있다.

방송을 자료로 연습할 때 약간의 시차를 두고 속삭이는 소리로 뉴스를 따라 읽는 섀도잉(shadowing)이라는 방법을 사용하기도 한다. 이는 유창성을 높이는 데는 도움이 되지만 아나운서의 발음과 억양을 똑똑히 듣기도, 자기 입에서 나오는 소리를 제대로 듣기도 어렵기 때문에 교정 효과가 그리 높지 않다. 이렇게 듣고 따라 읽기 연습을 할 때 자료 여러 개를 한 번씩 보는 것보다는 익숙해질 때까지 같은 자료로 반복 연습하는 것이 더욱 효과적이다.

발음과 발성 연습 3 _ 청중 앞에서 말하기를 실습하고 비평 받기

여러 사람 앞에서 말하려면 담력이 필요하고 담력을 키우는 데는 말하는 기회를 자주 만드는 것 외에 다른 방법이 없다. 청중 앞에서 텍스트 내용을 충실하게 혹은 요약하여 전달하는 연습, 특정 주제에 대한 자기 생각을 정리해 발표하는 연습을 해보라. 이 때 청중들에게는 텍스트를 주지 않는 것이 좋다. 온전히 발표자의 말하기에만 집중하도록 하기 위해서이다. 발표자는 텍스트를 참조할 수도, 참조하지 않을 수도 있는데 시선 처리 등을 연습하는 초기에는 텍스트 없이 청중 앞에 서서 말하는 쪽을 권장한다. 시선 처리에 익숙해지면 텍스트와 청중을 적절히 번갈아 보며 발표 연습을 해도 좋다.

발표 자세는 앉아서 말하기, 연단을 앞에 두고 서서 말하기, 연단 없이 전신을 노출하고 서서 말하기 등 다양한 형태로 가능하다. 뒤로 갈수록 청중 시선에 대한 부담이 커진다. 앉아서 말할 때에는 고개를 숙이거나 손으로 입을 가리지 않도록 주의해야 한다. 앉는 것은 서는 것보다 조금 더 안정된 자세일 뿐, 음성 전달과 시선 처리 등 기본적인 요구 사항은 같기 때문이다. 연단을 앞에 두고 서서 말할 때에는 연단에 과도하게 몸을 기대지 않도록 한다. 시선에 노출된 두 팔을 어떤 위치에 어떻게 자연스럽게 두어야 할지 생각해야 한다. 마지막으로 연단 없이 전신을 노출하고 말할 때에는 어떻게 안정적으로 서서 청중의 시선을 마주할지 연습이 필요하다. 수많은 청중이 지켜보는 가운데 의지할 것 하나 없이 전신을 노출하고 말하는 것은 극도의 긴장을 유발한다. 처음에는 두 다리가 달달 떨려 제대로 서 있기조차 어려울지 모른다. 지속적인 자세 연습, 그리고 듣고 말하기에 집중하는 훈련을 통해 점차 익숙해질 수 있다.

　말하기 실습 후에는 자세, 발음, 목소리, 표정, 시선, 내용의 논리적 흐름 등 다양한 차원에서 청중의 비평을 받도록 한다. 영상 촬영이 가능한 상황이라면 촬영하는 것도 좋은 방법이다. 영상을 보면서 스스로의 말하기를 점검할 수 있기 때문이다. 촬영이 어렵다면 녹음이라도 해서 자가 점검 기회를 갖도록 하라.

입이
잘 안 떨어지는
분을 위한
조언

통번역에 관심이 있지만 소극적이고 남들 앞에서 말이 안 나와 걱정이라는 학생들을 종종 만나게 된다. 가까운 친구들과는 이야기를 나누느라 밤새는 줄 모르는데 막상 사람들 앞에 나서게 되면 도망이라도 치고 싶어진다는 것이다. 또 특정 이슈에 대한 의견을 말해보라고 하면 아무 생각도 안 떠오른다고 한다. 그런가 하면 수줍은 것도 아니고 하고 싶은 말도 머릿속에 있지만 막상 이야기를 시작하면 물 흐르듯이 나오는 게 아니라 뒤엉킨 실타래를 억지로 풀어내는 양 불편한 느낌에 시달리기도 한다. 독자 중에도 혹시 그런 분이 있을지 몰라 몇 가지 조언을 한다.

일단 과묵하면서도 차가운 자기 모습이 마음에 들고 꼭 필요한 얘기만 하고 살면 그만이라고 생각한다면 굳이 이 부분을 읽지 않아도 좋다. 다만 의사소통의 중요성은 기억하고 갔으면 한다. 혼자서 성과물을 내면 되는 종류의 일을 하고 있으며 그 성과물만으로 충분히 인정받는 상황이라면 다른 사람에게 내 생각을 전달하는 일로 애태울 필요가 없다. 하지만 우리 대부분은 사회 생활에 참여해야 하고 자신의 성과물이 상대의 기대를 충족시키도록 만들기 위해 먼저 상대의 기대부터 정확히 이해해야 한다. 그러니 보다 효과적으로 소통하고 자신의 의사를 전달하기 위해 노력할 수밖에 없다. 굳이 통번역을 염두에 두지 않는다 해도 의사소통은 누구에게나 중요한 문제가 된다.

사람들 앞에 나서서 말하는 일이 괴롭지 않게 되는 방법은 딱 하나, 괴롭지 않을 때까지 사람들 앞에 나서서 말하는 것뿐이다. 그게 무슨 방법이냐 싶은가? 그래도 어쩔 수 없다. 소통의 즐거움이 괴로움을 이길 때까지, 그리하여 더 이상 괴롭지 않을 때까지 나서서 말해야 한다. 처음에는 편한 사람에게, 다음에는 편한 사람과 불편한 사람이 섞인 청중에게, 최종적으로는 낯선 사람이 대다수인 청중 앞에서 편하게 이야기할 수 있을 때까지 자꾸 말을 하는 것이다. 인디언의 기우제는 성공률 100퍼센트란다. 비가 올 때까지 계속되기 때문이다. 말하기도 마찬가지다. 말하기의 즐거움을 알게 될 때까지 계속 말해 보라. 포기하지 않고 꾸준히 연습하는 게 중요하다.

1. 말하는 연습 일상화하기

일단 가까운 친구 한두 명을 대상으로 연습을 해보자. 무엇을 말하면 좋을지 모르겠다면 다음과 같이 시작할 수 있다.

1) 어제 본 드라마 줄거리 전달하기

친구가 놓치고 보지 못한 어제 방송분 드라마 내용을 말끔하게 알려 주는 것이 목표이다. 중구난방 앞뒤를 오가며 이야기하면 듣는 사람이 제대로 정리하지 못할 가능성이 높다. 핵심은 머릿속에 있는 것을 꺼내 상대방이 이해할 수 있도록 전달하는 데 있다. 이야기가 끊어지지 않으면서 드라마 내용이 효율적으로 전달되도록 하라. 머릿속 내용을 말로 옮기는 이 과정은 그대로 통역 연습이 되기도 한다. 드라마에 관심이 없는 사람이라면 웹툰 등 다른 장르를 선택해도 좋다.

2) 읽은 내용 전달하기

신문기사도 좋고, 칼럼도 좋다. 아침에 읽은 기사 한 꼭지, 칼럼 하나를 친구에게 이야기해 보자. 어떤 사건이 일어났는데 그 배경은 어떻고 미치는 영향은 무엇이고 어떤 경종을 울리거나 교훈을 주는지 말하면 된다. 상대방을 이해시키고 설득하기 위해 어떤 정보를 기억해야 하는지, 어떤 표현을 써야 하는지 고민하게 될 것이다. 관심 있는 분야의 기사나 칼럼을 고르는 것이 좋다. 잘 모르는 주제를 골랐다면 막상 말을 시작한 후 생각이 안 나서 신문기사를 다시 들춰 봐야 할 수도 있다.

이 연습을 통해 자신이 어떤 정보에 취약한지, 반복적으로 저지르는 실수는 무엇인지 알게 된다. 연습을 반복하다 보면 우물쭈물 천천히 말하던 속도가 조금씩 빨라질 것이다. 어차피 상대방이 한 없이 기다려 주지는 않을 테니 말이다.

누군가에게 말하는 것조차 부끄럽다면 휴대전화의 녹음 기능을 활용해서 자기 말을 녹음하고 며칠 후에 들어 보는 것도 좋은 방법이 될 수 있다. 며칠이 지났으므로 구체적인 내용은 잊어 버린 상태이다. 따라서 내용에 더 집중해 들을 수 있다. 더불어 자신의 목소리나 발음에 문제는 없는지, 말 사이에 공백이 너무 길지는 않은지, 듣는 사람을 불편하게 하는 습관은 없는지 점검할 수 있다.

2. 관찰하고 비평하기

다른 사람이 말하는 모습을 꾸준히 관찰하고 비평하는 것은 곧 자신의 말하기 연습이 된다. 통번역 교육에서도 관찰과 비평이 꾸준히 이어진다. 서로 관찰하고, 문제점을 지적하고, 개선하고, 다음 문제를 찾는 과정이 반복되는 것이다. 여기 익숙해지면 부작용이 발생하기도 한다. 결혼식 하객으로 앉아 있을 때조차 사회자 혹은 주례의 발음이나 문장이 잘못되면 참기 어려워진다. 한숨을 쉬거나 고개를 저으며 애꿎은 옆자리 하객을 괴롭힐 수도 있다.

마구잡이 지적질이 아니라 건설적인 비평이 되기 위해서는 비평 받는 사람이 받아들일 수 있는 합당한 내용이어야 한다. 이를 위해 우선 인쇄 매체, 영상 매체 등 자신이 일상에서 접하는 콘텐츠를 비평

대상으로 삼아 보자. 연기자 또는 기자의 발음이 나빠서 내용 이해가 어려웠다면 이를 반면교사로 삼는다. 그리고 당초 그 콘텐츠가 전달하려던 메시지가 제대로 전달됐는지, 논리적 구멍은 없는지, 전달 방식에서 비유가 불필요하게 강하거나 표현이 부적절해 반감을 사지는 않는지 등등을 관찰하는 것이다. 나와 대화를 나누는 상대방의 말하기를 관찰하고 비평하는 것도 좋은 방법이다. 단, 함부로 비평하는 말을 일삼다가는 인간 관계에 문제가 생길 수 있으니 조심하라.

3. 관찰하고 예측해 보기

특정 주제에 대해 여러 세대의 사람들이 자기 의견을 말하는 프로그램을 본다고 하자. 출연자의 나이 등 신상명세를 보면 어떤 의견이 나올지 추측할 수 있다. 명절 연휴 동안의 해외여행에 대한 생각을 물으면 부모님 세대 출연자는 '그래도 명절인데 가족과 함께 보내야 한다'는 식으로, 젊은 세대는 '팍팍한 일상 속 귀중한 휴식의 기회'라는 식으로 의견을 밝히지 않을까. 대부분의 경우 그런 추측은 빗나가지 않는다. 예상과 전혀 다른 발언을 하는 사람도 없지는 않겠지만 말이다.

TV 토론 프로그램을 보면서도 연습이 가능하다. 참여자들의 면면을 보고 정해진 주제에 대해 어떤 이야기를 할지 예측해 보는 것이다. 더 나아가 그 주제에 대한 내 의견은 무엇인지, 왜 그렇게 생각하는지, 어떤 근거로 내 의견을 설득할 수 있을지, 토론 참여자라면 어디서 어떤 발언을 할지 등을 생각하면서 TV를 시청해 보라.

가장 이상적인 방법은 토론 프로그램의 주제를 미리 확인한 다음 그 주제에 대한 자신의 견해를 결정하고 논리를 뒷받침할 수 있는 몇 가지 근거들을 찾아 본 후 한 명의 토론자가 되어 시청하는 것이다. 나와 동일한 견해를 가진 토론자가 발언할 때면 그 사람의 논리 전개 방식에 대해 예측해 보거나 나와 어떻게 다른지 비교할 수 있고, 그 사람이 효율적으로 의견을 개진하는지, 사례는 적절한지, 해결책은 현실적인지 등에 대해 평가할 수 있다. 반대의 경우도 마찬가지다. 그 사람의 논리가 설득력이 없는 이유는 무엇인지, 듣는 사람의 반감을 사는 이유는 무엇인지를 가상의 토론자로서 전투적인 자세로 들어 보라.

관심이 없는 주제라면 일단 넘어가도 좋다. 관심 없는 문제에 대해 할 말이 없는 것은 이상한 일이 아니다. 값비싼 구두는 돈 낭비일 뿐이라고 생각하는 사람들에게 명품 수제구두 시장이 활성화되는 이유에 대해 묻는다면 할 말이 없는 것은 너무나 당연하지 않은가.

문제는 나 역시 그 문제에 대해 관심이 있고 생각도 해봤고 관련 내용도 알고 있는데 다만 사람들 앞에서 의견을 말하는 게 두려운 상황이다.

토론 프로그램 시청은 스스로를 가상의 토론 프로그램 참여자로 설정해 스파링 게임을 해볼 수 있는 좋은 기회이다. 나아가 다양한 분야로 관심을 확장해 짧은 시간 안에 핵심을 파악할 수 있도록 하는 노력도 장기적으로는 중요하다.

잘 전달되도록 쓰기

잘 전달되는 글쓰기는 여러 조건을 충족해야 하지만 그 첫 번째는 맞춤법, 띄어쓰기, 문장부호에서 잘못을 저지르지 않는 것이다. 이러한 기본적 오류가 발생하면 독자 입장에서는 내용 자체에 대한 신뢰도까지 떨어지고 만다.

한국어 모국어 화자에게 맞춤법과 띄어쓰기 문제가 자주 발생하는 이유는 자신이 오류를 저지른다는 사실 자체를 인식하지 못한 채 기존의 습관을 반복하기 때문이다.

지면이 한정된 이 책에서 맞춤법, 띄어쓰기, 문장부호를 처음부터 끝까지 모두 설명할 수는 없다. 아니, 독자들이 이미 일정 수준 이상의 맞춤법, 띄어쓰기, 문장부호 지식을 갖고 있는 상황이니 그럴 필요도 없을 것이다. 따라서 여기서는 글쓴이들이 강의실에서 자주 마주치는 오류를 대표적으로 제시하여 독자들이 스스로를 점검할 수 있도록 하는 데 그치려 한다. 오류 사례가 모두 남의 일이라고, 자신은 그런 오류를 저지른 적 없다고 판단된다면 일단 훌륭하다. 하지만 맞춤법, 띄어쓰기, 문장부호를 아무 흠결 없이 완벽하게 알고 사용하기란 거의 불가능하다. 그러니 일상에서 글을 읽거나 쓰는 과정에서 자신도 모르게 오류를 저지르고 있지는 않은지 끊임 없이 점검하는 태도가 꼭 필요하다.

🔍 맞춤법 오류가 없는가?

SNS 시대가 도래하면서 맞춤법에 대한 압박은 점차 줄어드는 것처럼 보인다. 하지만 '감기 어서 낳아'라는 남자친구의 문자를 받은 여성이 계속 사귈지 말지를 심각하게 고민한다는 우스갯소리에서 드러나듯 여전히 맞춤법에 대한 일정 수준의 사회적 기대는 존재한다. 맞춤법 오류에 대해 관대해졌다기보다는 의도적 맞춤법 오류가 친밀감이나 유머의 표현 수단이 되었다고 보는 편이 옳을 듯하다. 문자나 카톡으로 '마자마자' '할고얌'이라는 표현을 쓰는 것은 좋다. 하지만 '맞아, 맞아.'와 '할 거야.'가 옳은 표현이라는 사실은 알고 있어야 한다.

번역은 다수의 익명 독자를 상대하는 공적(公的) 글쓰기이므로 맞춤법이 엄격히 지켜져야 한다.

한국어와 번역 수업에서 흔히 접하는 학생들의 맞춤법 오류 사례들은 다음과 같다.

① 등장인물이라던지 주인공이 처한 상황에서 자연스럽게 드러날
수 있는 의견들이 모두 내 확고한 신념에서 나오는 것으로는 받
아드려지지 않길 바란다.

'등장인물이라던지'는 '등장인물이라든지'로 수정되어야 한다. '던'
은 '함께 했던 시간'과 같이 과거 시제를 나타내는 경우에만 사용된
다. 선택의 의미를 나타내려면 '든'이 필요하다. '가든 말든 맘대로 해'
와 같은 용례를 기억하면 도움이 될 것이다.

'받아드려지지'는 '받아들여지지'로 수정되어야 한다. 동사의 기본
형이 '받아들이다'이다. '받아드려지지'라는 잘못된 맞춤법이 나오는
이유는 기본형을 '받아드리다'라고 혼동하기 때문으로 보인다.

② 해치지만 않는다면 시키는 데로 합니다.

'시키는 데로'는 '시키는 대로'로 수정되어야 한다. '데'는 장소를 나
타내는 의존명사이다. 여기서는 '어떤 모양이나 상태와 같이'라는 의
미의 의존명사 '대로'가 필요하다.

③ 골룸이 도망 갈려고 하자 샘이 강하게 밧줄을 잡아당긴다.

'도망 갈려고'는 '도망가려고'로 수정되어야 한다. '도망가다'라는
동사는 'ㄹ'이 추가되지 않고 활용된다.

마찬가지 이유에서 '먹을려고'가 아닌 '먹으려고'이고 '잘려고'가 아닌 '자려고'이다. 입말에서 흔히 발음되는 형태 때문에 글말의 맞춤법이 방해 받는 사례이다.

이밖에 자주 틀리는 맞춤법을 소개하면 다음과 같다.
우선 비슷한 형태여서 혼동되는 경우가 있다.

로서/로써	'로서'는 자격을, '로써'는 수단과 도구를 뜻한다. 번역사로서 저지르지 말아야 할 실수 끊임없이 확인함으로써 실수를 예방할 수 있다.
낫다/낳다	병이나 상처에서 회복되는 것. 더 좋거나 앞서는 것은 '낫다'이고 아이를 출산하는 것은 '낳다'이다. 한국어 실력은 이 씨가 낫다 이 씨가 아들 둘을 낳다
되/돼	새로운 신분이나 지위를 갖다. 바뀌거나 변하다. 때나 상태에 이르다는 여러 의미를 지닌 동사 '되다'의 활용형 '되어'를 줄인 것이 '돼'이다. 한국어 달인이 되고 싶어요. 그렇게 되려면 어떻게 해야 하지? 틀리지 않고 정확하게 사용하도록 혼동되는 사항을 계속 확인해야 돼.
대요/데요	'대요'는 남의 말을 전달하는 표현이고 '데요'는 경험한 사실을 알리는 표현이다. 밤에 열이 많이 났지만 지금은 괜찮대요(괜찮다고 하네요). 그 책 괜찮데요(괜찮더군요).

메다/매다	'메다'는 어깨에 걸치거나 올려놓는 것이고 '매다'는 끈이나 줄이 풀어지지 않게 묶는 것이다.
	배낭을 <u>메고</u> 넥타이를 매다니 신기하네요.
	그 사람하고 꼭 결혼하겠다고 목<u>매고</u> 있던데요.

다음으로는 아예 사전에 없는 잘못된 형태로 습관처럼 사용하는 오류가 있다.

① 학생들은 <u>대게</u> 그렇게 생각한다.

'대부분', '일반적으로'를 뜻하는 부사는 '대개'로 써야 한다. 대게는 큰 게이다.

② 우려는 사실로 <u>들어났다</u>.

언제부터인지 학생들이 자주 틀리는 맞춤법이다. '나타나 보이게 되다'라는 동사는 '드러나다'이다. '들어나다'라는 말은 없다.

③ <u>구지</u> 말할 필요는 없다.

부사 '굳이'를 잘못 쓰는 표현이다. 소리 나는 대로 쓰는 경향 때문에 나타나는 오류로 보인다.

④ 대금은 한꺼번에 <u>결재</u>하겠습니다.

'결제'라 써야 옳다. 결재는 '결정할 권한이 있는 상관이 부하가 제출한 안건을 검토하여 허가하거나 승인함'의 뜻이고 결제는 '증권 또는 대금을 주고받아 매매 당사자 사이의 거래 관계를 끝맺는 일'이다. 카드나 현금은 결제하는 것이고 서류는 결재를 받아야 하는 것이다.

다음은 동사 형태를 잘못 줄이는 바람에 맞춤법이 잘못되는 경우이다.

① 생각이 <u>바꼈어요</u>. ('바뀌다'의 과거는 '바뀌었다'이다)
② 잠깐 <u>사겼어요</u>. ('사귀다'의 과거는 '사귀었다'이다)
③ 한 대 <u>폈어요</u>. ('피우다'의 과거는 '피웠다'이다)

맞춤법에는 왕도가 없다. 잘 모르겠다 싶을 때는 무조건 찾아 보는 습관을 들여야 한다. 평생 고쳐 간다고 생각하는 것이 편하다. 글쓴이들도 번역을 하면서, 글쓰기를 가르치면서 그 전까지 늘 틀리게 쓰던 맞춤법 여러 개를 새삼 발견한 경험이 있다. '금세'('금새'가 아닌), '떼려야'('뗄래야'가 아닌) 뗄 수 없는'이 그러했다.

'금세'를 '금새'로 잘못 쓰고 있었던 것은 '밤새' 때문이었던 것 같다. 맞춤법에서는 추론이 작용하는 법이니까. '밤 사이'가 '밤새'이니 '금방 사이'는 '금새'라고 지레짐작했던 것이다. 하지만 '금세'는 '금방 사이'가 아니라 '금시에'가 줄어든 말이었다.

🔍 띄어쓰기 오류가 없는가?

한국어의 띄어쓰기는 무척이나 까다롭다. 영어나 유럽 언어들은 단어 하나하나마다 띄어서 쓰면 그만이지만 한국어에서는 체언 뒤에 붙여 써야 하는 조사, 용언 뒤에 붙여 써야 하는 어미라는 존재가 있어 띄어쓰기 문제가 발생한다. 의존명사들, 그리고 연이어 쓰이면 의미 혼란이 생겨나는 한자어들도 띄어쓰기 문제에 가세한다.

제주도 여행을 갔을 때 굿 행사가 있다는 소식을 전해 들었다. 시간과 장소만 맞으면 한 번 가봐야겠다고 생각해 이리저리 수소문한 끝에 홍보 팸플릿을 얻었다. 그런데 장소가 '제주목관아'라고 되어 있었다. 어리둥절하다가 마침내 '제주목'의 관아라는 뜻임을 알아차릴 때까지 한참 시간이 걸렸다. '제주목관아'를 '제주 목관아'라고 띄어 읽은 것이 문제였다. 목관아가 뭐지? 목관악기는 들어봤지만…. 제주목이라는 과거의 행정 지명이 익숙하지 않은 오늘날 독자들의 상황을 염두에 두었다면 '제주목 관아'라고 띄어쓰기를 해주었을 텐데 하는 아쉬움이 남았다.

자주 발생하는 띄어쓰기 오류를 몇 가지 살펴 보자.

우선 형태가 동일한데 문법 성분이 달라 띄어쓰기 방식이 달라지는 경우가 있다. 어미일 경우 붙여야 하고 의존명사일 경우 띄어 써야 한다. 다음의 두 사례가 대표적이다.

ㄴ 지/ㄴ지	'ㄴ 지'는 '~한 때로부터'라는 시간적 의미를 지닌 의존명사여서 띄어 써야 한다. 반면 'ㄴ지'는 막연한 의문을 표현하는 어미로 붙여 써야 한다. 먹은 지 오래 되었다. 먹었는지 안 먹었는지 모르겠다.
ㄴ 데/ㄴ데	'ㄴ 데'의 '데'는 장소, 일, 경우 등을 나타내는 의존명사로 띄어 써야 한다. 반면 'ㄴ데'는 앞부분과 반대되는 의미가 따라올 때 쓰는 연결어미로 앞의 용언과 붙여 써야 한다. 띄어쓰기를 익히는 데 사흘이 걸렸다. 한국어 공부를 하는데 잘 늘지 않는다.

어미와 보조사는 붙여 쓰는 것이 원칙인데 다른 단어라 생각해서 띄어 쓰는 일이 종종 발생한다.

① 그래서 인지 글 쓰는 과제보다 문제 푸는 과제가 편했다.

어미 '-ㄴ지'는 막연한 의문을 갖고 뒤의 사실이나 판단과 관련시키는 연결어미이다. '그리하다' 다음에 '-ㄴ지'가 붙은 형태이므로 '그래서인지'라 붙여 써야 옳다.

② 대학생활은 개개인 마다 다르다.

'마다'는 '낱낱이 모두'의 뜻을 나타내는 보조사이므로 '개개인마다'

라고 붙여 써야 한다. '날마다', '공부할 때마다'도 마찬가지로 붙여
쓴다.

반면 보조용언은 띄어 쓰는 것이 원칙이다.

미학을 공부해볼까해.

시험 삼아 하는 행동을 뜻하는 '보다'라는 보조용언이 공부하다 뒤
에 붙어 있으므로 '공부해 볼까'로 띄어 써야 한다. 마지막에 나오는
'해'는 종결어미 'ㄹ까'에 이어지는 동사로 띄어 써야 한다. 그래서 '공
부해 볼까 해'로 띄어 쓰는 것이 옳다.

마지막으로 명사 뒤에 '하다'나 '되다'가 접미사로 붙어 동사를 만든
경우 붙여 써야 하는데 띄어 쓰는 오류가 많이 나타난다. '재촉 하다'
가 아니라 '재촉하다'로, '근무 하다'가 아니라 '근무하다'로 '걱정 되
다'가 아니라 '걱정되다'로 써야 하는 것이다.

🔍 문장부호를 제대로 사용하고 있는가?

문장부호는 언어마다 다르다. 따라서 한국어에서는 어떤 문장부호
를 어떻게 사용하는지 확인해 볼 필요가 있다. 영어 등 외국어 학습

의 영향 때문인지 한국어에 없거나 제한적으로만 사용되는 문장부호를 부지불식간에 문장에 집어 넣는 일이 많기 때문이다. 특히 번역문의 경우에는 원문의 문장부호를 한국어에 그대로 옮겨 오는 상황이 더욱 많다.

번역문에서 두드러지는 오류 사례는 줄표(—)와 쌍점(:), 쌍반점(;)이다.

줄표(—)는 '문장 중간에 앞의 내용에 대해 부연하는 말이 끼어들 때' 혹은 '말한 내용을 다른 말로 부연하거나 보충할 때' 쓰인다. 줄표 대신 괄호나 쉼표를 사용할 수도 있다. 한국어 줄표는 영어 대시와 달리 끼어드는 말 앞뒤에 모두 들어가야 한다. 줄표를 하나만 넣는 것은 잘못된 사용이다. 또한 다음 예에서 볼 수 있듯 줄표 앞뒤에는 빈칸을 두지 않고 붙여 쓴다.

① 그 신동은 네 살에—보통 아이 같으면 천자문도 모를 나이에—벌써 시를 지었다('보통 아이 같으면 천자문도 모를 나이'는 '네 살'을 설명하는 말임).

② 어머님께 말했다가—아니 말씀드렸다가—꾸중만 들었다.
   이건 내 것이니까—아니, 내가 처음 발견한 것이니까—절대로 양보할 수가 없다.

쌍점(:)은 다음과 같은 경우에 쓰인다. 예에서 드러나듯 문장 속에서 사용되는 경우는 거의 없다.

① 내포되는 종류를 들 때에 쓴다.

문방사우: 붓, 먹, 벼루, 종이

② 소표제 뒤에 간단한 설명이 붙을 때에 쓴다.

일시: 1984년 10월 15일 10시

마침표: 문장이 끝남을 나타낸다.

③ 저자명 다음에 저서명을 적을 때에 쓴다.

정약용: 목민심서, 경세유표

주시경: 국어 문법, 서울 박문서관, 1910.

④ 시(時)와 분(分), 장(章)과 절(節) 따위를 구별할 때나 둘 이상을 대비할 때에 쓴다.

오전 10:20 (오전 10시 20분)

요한 3:16 (요한복음 3장 16절)

대비 65:60 (65 대 60)

쌍반점(:)은 한국어에 존재하지 않는 문장부호이다. 원문에 쌍반점이 나왔다고 그대로 가져 와서는 곤란하다. 문장부호는 글을 쓰고 읽는 사람들 사이의 약속이다. 약속되지 않은 문장부호가 대체 어떤 의미를 전달할 수 있겠는가. 원문의 문장부호가 가진 의미를 파악해 한국어에서 다른 문장부호나 문장 형태로 전달할 방법을 찾아야 한다.

마침표(.)와 쉼표(,)는 한국어와 외국어에서 사용법이 크게 다르지 않다. 다만 영어와 달리 한국어에서는 일반적인 접속어(그러나, 그러므로, 그리고, 그런데 등) 뒤에 쉼표를 쓰지 않는 것이 원칙이다. 하지만 습관적으로 접속어 뒤에 쉼표를 찍는 학생들이 적지 않으므로 자신은 어떤지 되돌아 볼 필요가 있다. 이외에 굳이 필요하지 않은 곳에 쉼표를 남용하는 경우도 흔하다. 문학작품 등을 중심으로 새로운 문장부호 사용 경향이 나타나고 확산되는 상황이지만 통번역에서는 기본 원칙을 따르는 것이 권장된다.

맞춤법과 띄어쓰기 연습

연습 1 _ 한글 맞춤법 규정 익히기

한글 맞춤법 규정은 1장 총칙, 2장 자모, 3장 소리, 4장 형태, 5장 띄어쓰기, 6장 그 밖의 것, 부록의 문장부호로 이루어져 있다. 총 57 항인데 각 항마다 구체적으로 사례가 제시되어 분량이 많다. 이 때문에 이 책에는 전문을 싣지 않는다. 국립국어원을 비롯해 인터넷에서 쉽게 한글 맞춤법 규정을 찾아볼 수 있다.

그냥 한 번 쓱 읽어보는 것으로는 별 도움이 되지 않는다. 유심히 읽어 가면서 그동안 잘 모르고 있던 내용을 따로 메모해 두고 이후 그 메모를 몇 차례 반복해 읽는 것을 추천한다. 함께 공부하는 동료가 있다면 각자 한글 맞춤법 규정을 공부하고 서로를 위해 문제를 내는 것도 좋다. 강의실 상황이라면 교강사가 문제를 내고 각자 풀어 보게 한 후 함께 규정을 찾아 보며 맞춤법을 확인할 수 있다.

이 책에서 주로 다룬 맞춤법, 띄어쓰기, 문장부호 중심으로 규정을 검토하고 싶다면 한글 맞춤법 규정 뒷부분인 5장 띄어쓰기, 6장 그 밖의 것, 부록의 문장부호를 살펴 보면 된다. 자주 틀리는 맞춤법과 띄어쓰기 사례들은 인터넷에도 많이 나와 있으니 참고하라.

연습 2 _ 학생들이 서로의 글에서 맞춤법과 띄어쓰기 교정하기

자기 글에서는 보이지 않던 문제도 남의 글을 읽다 보면 쉽게 눈에 띈다. 또 교정을 해주다 보면 자신이 알고 있던 맞춤법과 띄어쓰기가 과연 맞는지 한 번 더 찾아보는 효과도 거둘 수 있다. 맞춤법과 띄어쓰기는 글을 쓰거나 읽는 과정에서 유심히 살피고 끊임 없이 찾아 확인하는 것 외에는 달리 왕도가 없다. 문서 작성 프로그램에는 맞춤법과 띄어쓰기에 문제가 있을 경우 붉은 줄을 쳐서 표시해 주는 편리한 기능이 있다. 단, 100퍼센트 신뢰할 수는 없으므로 자기 실수인지 프로그램 실수인지 확인해 보아야 한다(특히 워드 프로그램에서는 붉은 줄이 쳐졌다가도 띄어써 주기만 하면 줄이 사라지는 경우가 많아 주의해야 한다). 조금이라도 미심쩍다면 찾아 확인하라. 동료의 글뿐 아니라 광고 글, 연예 기사, 설명서 등 일상에서 접하는 글을 읽으면서 안테나를 세워 보라. 평소 자신이 쓰던 맞춤법과 띄어쓰기, 한 번도 의심해 보지 않았던 표기가 틀린 것이었음을 새삼 발견할 것이다.

바른 문장 만들기

잘 전달되도록 단어와 표현을 말하고 쓰는 1단계를 넘어서 이제 2단계에서는 바른 문장 만들기에 초점을 맞춘다. 문장은 텍스트를 구성하는 벽돌이다. 벽돌이 곧은 모양을 갖추지 못하면 차곡차곡 빈틈 없이 쌓여 제대로 된 담장, 즉 텍스트를 이루기 어렵다. 바른 문장 만들기는 구어와 문어 모두에서 공통적으로 발생하는 문제이므로 통번역을 구분하지 않고 다루겠다. 학생들이 자주 드러내는 문제를 바탕으로 바른 문장의 기본 방향을 뽑아 보면 주술 호응, 간명화, 표준화, 높임말, 한자 및 관용어로 정리된다.

각 부분에서 소개할 사례는 저자들이 진행했던 한국어 및 번역 수업에서 학생들이 실제로 만들었던 문장들임을 밝혀둔다.

성분들이 호응되는
문장 만들기

문장은 여러 성분이 조화롭게 결합되어 만들어진다. 주어가 나왔다면 그 주어를 받아주는 술어가 필요하고 수식어가 나왔다면 수식되는 대상이 필요하다. 간혹 어느 한 문장 성분이 생략되는 경우도 있지만 이는 생략되어도 수신자가 그 문장의 뜻을 충분히 이해할 수 있는 경우에 한한다. 그렇지 않다면 함부로 문장 성분을 뺄 수 없다. 있어야 할 문장 성분이 없다거나 엉뚱한 성분이 들어 있다면 비문이 되어 버린다. 통번역 상황에서 비문은 내용 이해에 지장을 주기 때문에 바로잡아야 하는 문제이다. 다음의 사례들을 통해 호응이 되지 않는 문장들을 바로잡아 보자.

술어 누락

<u>사회과학을 통해 우리가 알게 된 것은</u> 첫째, 우리가 비즈니스의 일부분이라고 흔히 생각하는 20세기의 보상들은 한정된 상황에서만 효과를 발합니다.

위 문장에서 주어는 '사회과학을 통해 우리가 알게 된 것'이다. 그런데 이 주어를 받아주는 술어는 없다. 술어부가 '20세기의 보상들이 효과를 발한다'라는 별도의 주술 구조를 갖춘 또 다른 문장이기 때문이다. 어떻게 새로운 술어를 넣어 주면 좋을까?

가장 간단한 해결책은 문장을 그대로 두고 뒷부분에 술어를 덧붙이는 것이다. 이를 테면 '사회과학을 통해 우리가 알게 된 것은 ~라는 점입니다.'라는 주술 호응 구조를 만들 수 있다.

사회과학을 통해 우리가 알게 된 것은 첫째, 우리가 비즈니스의 일부분이라고 흔히 생각하는 20세기의 보상들<u>이</u> 한정된 상황에서만 효과를 <u>발한다는</u> <u>점입니다.</u>

'보상들은'의 조사 '은'도 '이'로 바뀌었는데 이는 새로운 구조의 문장이 더 자연스럽게 읽히도록 하기 위해서이다. 수정된 문장의 주어 '보상들'은 앞부분에서 '흔히 생각하<u>는</u>'의 수식을 받고 뒤에서는 '효과를 발한다<u>는</u>'이라는 관형사 형태로 연결된다. '은/는'과 '이/가' 조사가 여러 차례 반복되는 이런 문장의 경우 두 형태가 적절히 교차되어야 더 자연스럽게 읽힌다. 그리하여 '비즈니스의 일부분이라고 흔히 생각하는 20세기의 보상들은 한정된 상황에서만 효과를 발한다는 점입니다.'라고 '은/는'이 세 차례 반복되는 것보다는 '비즈니스의 일부분이라고 흔히 생각하는 20세기의 보상들의 한정된 상황에서만 효과를 발한다는 점입니다.'가 더욱 자연스럽다.

술어를 넣는 다른 방법도 있다. 문장을 둘로 나누는 것이다. 본래 문장의 '첫째' 이후는 이미 주술 구조를 갖추고 있으므로 그대로 놓아두고 앞부분을 새로운 문장으로 분리해 술어를 넣어 준다. '다음과 같습니다.'라는 술어를 넣어 문장을 나누면 이렇게 된다. 사례문 다음으로 둘째, 셋째 내용이 이어지는 상황까지 고려한다면 문장을 나누는 것이 더욱 효과적이다.

사회과학을 통해 우리가 알게 된 것은 <u>다음과 같습니다.</u> 첫째, 우리가 비즈니스의 일부분이라고 흔히 생각하는 20세기의 보상들은 한정된 상황에서만 효과를 발합니다.

앞의 문장 형태를 조금 바꾸어 '우리는'을 새로운 주어로 삼고 '알게 되었습니다'를 술어로 둘 수도 있다.

사회과학을 통해 <u>우리는</u> 다음과 같은 점들을 알게 되었습니다. 첫째, 우리가 비즈니스의 일부분이라고 흔히 생각하는 20세기의 보상들은 한정된 상황에서만 효과를 발합니다.

사례 ② 주어 누락

부탄의 네 번째 왕은 30년 전에 국가 총행복지수(GNH)라는 말을 만들어 내었
는데 <u>정신적 깨달음을 가진 동양이 물질주의적인 서양의 압력에 대해 대안을
제시하기 위한 것이다.</u>

술어가 없었던 앞선 사례와 달리 이번에는 주어가 실종되어 주술
호응이 이루어지지 않는 경우이다. 위 문장은 '부탄의 네 번째 왕이
30년 전에 국가 총행복지수(GNH)라는 말을 만들어 내었다'라는 문장
1과 '정신적 깨달음을 가진 동양이 물질주의적인 서양의 압력에 대해
대안을 제시하기 위한 것이다'라는 문장 2가 결합된 형태이다. 문장
1에는 '부탄의 네 번째 왕'이라는 주어와 '국가 총행복지수(GNH)라는
말을 만들어 내었다'라는 술어가 다 갖춰진 반면 문장 2에는 '정신적
깨달음을 가진 동양이 물질주의적인 서양의 압력에 대해 대안을 제
시하기 위한 것이다'라는 술어만 있을 뿐 주어가 없어 비문이 된다.

이 문장을 만든 학생은 앞부분, 그러니까 문장 1 전체가 주어라고
보아 별도의 주어가 필요 없다고 생각했던 것 같다. 하지만 '대안을
제시하기 위한 것'이 무엇인지 수신자가 저절로 짐작할 수 있는 상황
은 아니다. 다음 문장처럼 '이는'과 같은 주어를 넣어 주면 문제가 해
결된다.

부탄의 네 번째 왕은 30년 전에 국가 총행복지수(GNH)라는 말을 만들어 내었

는데 <u>이는</u> 정신적 깨달음을 가진 동양이 물질주의적인 서양의 압력에 대안을 제시하기 위한 것이었다.

문장 2에 주어를 넣었을 뿐 아니라 술어 마지막 부분 '것이다'를 '것이었다'로 수정하였는데 이는 문장 1의 '만들어 내었는데'라는 술어와 시제를 맞춰주기 위함이다. '물질주의적인 서양의 압력에 대해'라는 표현에서는 '대해'를 삭제하였다. 삭제해도 의미 전달에 문제가 없기 때문이다.

사례 ③ 호응 실패

<u>연구 결과에 따르면</u> 특정 환경에서는 음악이 실제로 일의 능률을 증진시키지만 다른 환경에서는 떨어뜨릴 수도 있으며 때로는 능률이 현저히 낮아질 수도 있다고 <u>경고한다.</u>

'연구 결과에 따르면'이라는 부분과 '경고한다'라는 술어가 호응을 이루지 못하는 문장이다. '경고한다'라는 술어는 '연구 결과들은'과 같이 명확한 주어를 필요로 한다.

<u>연구 결과들은</u> 특정 환경에서는 음악이 실제로 일의 능률을 증진시키지만 다른 환경에서는 떨어뜨릴 수도 있으며 때로는 능률이 현저히 낮아질 수도 있다고 <u>경고한다.</u>

그런데 이 문장은 사물이 주어가 되는 형태여서 조금 부자연스럽다고 느낄 수 있다.

'연구 결과에 따르면'이라는 부분을 그대로 놓아두고 술어를 고칠 수도 있다. '~에 따르면'에 전형적으로 호응되는 술어는 '~라고 한다'이다. 사례문에서 이 술어 형태를 갖추는 간단한 방법은 '경고한다'를 '한다'로 바꾸는 것이다.

<u>연구 결과에 따르면</u> 특정 환경에서는 음악이 실제로 일의 능률을 증진시키지만 다른 환경에서는 떨어뜨릴 수도 있으며 때로는 능률이 현저히 낮아질 수도 <u>있다고 한다.</u>

'경고'의 의미를 살리고 싶다면 문장이 조금 더 복잡해진다.

<u>연구 결과에 따르면</u> 특정 환경에서는 음악이 실제로 일의 능률을 증진시키지만 다른 환경에서는 떨어뜨릴 수도 있으며 때로는 능률이 현저히 낮아질 수도 <u>있으므로 경계해야 한다고 한다.</u>

이 문장을 덜 복잡하게 수정하는 방법은 다음 부분인 간명한 문장 만들기에서 살펴보겠다.

간명한 문장 만들기

통번역을 위한 문장은 간단하고 명료해야 한다. 괜한 군더더기는 내용 전달과 이해를 방해하기 때문이다. 물론 장르와 상황에 따라 화려하고 수식적인 문장이 요구되는 경우도 있다. 그런 예외적인 상황을 제외한다면 문장 생성과 이해 단계 모두에서 실수와 오해의 여지를 최소화하는 간명성이 통번역을 위한 문장의 기본 요건이 된다. 어떻게 간명한 문장을 만들 수 있는지 사례를 통해 살펴 보자.

사례 ① 복잡한 문장

연구 결과에 따르면 특정 환경에서는 음악이 실제로 일의 능률을 증진시키지만 다른 환경에서는 떨어뜨릴 수도 있으며 때로는 능률이 현저히 낮아질 수도 있으므로 경계해야 한다고 한다.

앞서 호응 문제를 해결하면서 만들어낸 복잡한 문장부터 시작해 보자. 이 문장은 왜 복잡하게 여겨지는 것일까?

첫째, '연구 결과에 따르면'이라는 시작 부분과 '경계해야 한다고 한다'라는 종결 부분 사이의 거리가 너무 멀다. 이렇게 되면 읽는 사람이 시작 부분을 끝까지 기억하기 어렵다.

둘째, '실제로'라는 부사가 꼭 필요한지 의문이다. '특정 환경에서는 음악이 실제로 일의 능률을 증진시킨다'와 '특정 환경에서는 음악이 일의 능률을 증진시킨다'는 두 문장의 차이는 무엇인가? 별 차이가 없다면 이 부사는 군더더기이다.

셋째, '떨어뜨릴 수 있다'와 '낮아질 수 있다'에서 'ㄹ 수 있다' 표현이 두 번 반복된다. 더욱이 두 서술어는 동일한 의미이다. 굳이 반복할 필요가 없어 보인다.

넷째, '능률'이 두 번 반복된다. 필요한 반복이었는지 의문이다. '일의 능률을 증진시키다'에서 목적어, '능률이 낮아지다'에서 주어로 사용되었는데 문장 성분을 통일시키면 반복을 피할 수 있다.

이상의 문제들을 해결하는 방법은 여러 가지겠지만 여기서는 한 가지 대안만 제시하겠다.

음악이 특정 환경에서는 작업 능률을 높일 수 있지만 다른 환경에서는 오히려

낮추게 된다고 경고하는 연구 결과들이 존재한다.

어디가 어떻게 수정되었을까? 앞의 문제를 어떻게 해결했는지 차례로 살펴 보자.

첫째, '연구 결과에 따르면 ~~경계해야 한다고 한다.'는 '라고 경고하는 연구 결과들이 존재한다'로 문장 말미에 묶어 주었다.

둘째, 부사 '실제로'는 생략하였다.

셋째, '떨어뜨릴 수도 있으며 때로는 능률이 현저히 낮아질 수도 있으므로'는 '오히려 낮추게 된다고'로 간명화하였다. '떨어뜨리다'와 '현저히 낮아지다'가 의미 전달에서 큰 차이가 없다고 보았기 때문이다. 물론 문장이 실제 사용되는 맥락에 따라 판단은 달라질 것이다.

넷째, '능률'이 두 차례 반복되었던 것을 '작업 능률을'이라는 형태로 한 번만 넣어주었다.

위의 수정 문장은 가능한 여러 대안 중 하나일 뿐이다. 문장 고치기에서 유일한 정답은 없다. 더욱이 각 문장은 앞뒤 문장과 연결되어 의미망을 형성하기 때문에 단독 문장 차원에서 적절성을 따지기에는 한계가 많다.

사례 ② 나열의 형태 불일치

북한 매체가 김정은의 건강 이상을 공식적으로 인정한 것은 처음인데 <u>아직 다리 상태나 이미 수술 받았다는 주장에 대해서는</u> 확실하지 않다.

'북한 매체가 김정은의 건강 이상을 공식적으로 인정한 것은 처음이다'라는 문장 1과 '아직 다리 상태나 이미 수술 받았다는 주장에 대해서는 확실하지 않다'라는 문장 2가 결합된 복합문이다. 문장 2는 '아직 다리 상태나 이미 수술 받았다는 주장'이라는 주어와 '확실하지 않다'는 술어로 구성된다. '아직 다리 상태가 확실하지 않다'와 '이미 수술을 받았는지 확실하지 않다'라는 두 가지 정보가 존재하는 것이다.

그런데 확실하지 않은 내용들의 형태가 서로 다른 것이 문제 된다. 이러한 나열의 형태 불일치 문제는 학생들의 문장에서 가장 빈번하게 등장하는 오류 중 하나이다. 사례에서 보면 '다리 상태'는 명사인 반면 '이미 수술 받았다는 주장'은 관형절+명사 형태여서 서로 다르다. 둘 이상의 정보가 나열될 때에는 형태를 통일시키는 편이 더 간명하다. 명사로 통일시키면 다음과 같이 된다.

북한 매체가 김정은의 건강 이상을 공식적으로 인정한 것은 처음인데 <u>아직 다리 상태나 수술 여부는</u> 확실하지 않다.

'수술을 받았다는 주장에 대해서는'은 '수술 여부는'으로 간명화하였다.

명사가 아닌 절 형태로 통일시키고 싶다면 다음과 같은 문장이 가능하지만 명사 형태에 비해 간명성은 떨어진다. 사례문에 있던 '아직'이라는 부사의 위치가 '확실하지 않다' 앞으로 옮겨진 것은 수식하는 부사와 수식 받는 술어를 가까이 두는 것이 수신자의 이해에 도움이 되기 때문이다.

북한 매체가 김정은의 건강 이상을 공식적으로 인정한 것은 처음인데 <u>다리 상태가 어떤지, 이미 수술을 받았는지 등은</u> 아직 확실하지 않다.

사례 ③ 중복 표현

훈련일정 <u>상으로 인해</u> 선수와 코칭 스태프는 입촌식에 참석하지 못했다.

흔히 나타나는 중복 표현의 경우이다. '훈련일정 상'이나 '훈련일정으로 인해' 둘 중 하나로 충분하니 '상'이나 '으로 인해' 중 하나를 삭제하는 편이 간명하다.

훈련일정 <u>상</u> 선수와 코칭 스태프는 입촌식에 참석하지 못했다.

'미리 예약', '서로 상반' 등도 비슷한 중복 표현이다. '예약'에는 '미리'의 뜻이, '상반'에는 '서로'의 뜻이 들어 있으므로 둘 중 하나만 있으면 된다. 즉 '예약하다' 혹은 '미리 잡아두다' 정도면 충분하다.

표준적 문장 만들기

여기서 표준적 문장은 수신자가 별도의 노력 없이 메시지를 받아들일 수 있도록 가장 일반화된 표현으로 구성된 문장을 말한다. 오해의 여지를 최소화하는 가장 안전한 문장이라고도 할 수 있다. 추가적인 의미나 뉘앙스가 필요하지 않은 상황이라면 가장 일반화된 표준적 표현이 가장 편하고 쉽게 정보를 전달하는 방법이 된다. 학생들의 통번역 사례를 보면 한국인들이 가장 일반적으로 사용하는 표준형에서 벗어나는 경우가 적지 않다. 이는 원문 단어 혹은 구조의 간섭을 받거나 개인적으로 선호하는 독특한 표현을 고수하기 때문이다.

통번역사는 창의적 문장을 만들면 안 되느냐는, 표준이라는 한계에 꼭 갇혀 있어야 하느냐는 질문이 생길지도 모르겠다. 통번역사는 작가가 아닌 전달자이고, 전달자의 과업은 가장 많은 수신자가 최소의 부담으로 정보를 전달받도록 해 주는 것이다. 통번역사라고 창의적이고 새로운 문장을 쓰지 말아야 한다는 법은 없다. 상황 맥락에 따라 창의성이 요구되기도 한다. 하지만 이는 일반화된 표준적 문장을 충분히 유창하게 말하고 쓰는 능력이 전제된 이후의 일이다. 그러니 내가 사용하는 문장이 오해 없이 받아들여지도록 다듬고 정돈하는 작업부터 먼저 해두어야 한다.

사례 ① 부자연스러운 표현
<u>아주 빨간 머리를 가진</u> 아이였어요.

영어식 표현이 점점 익숙해지는 상황이기는 하지만 여전히 '빨간 머리를 갖다'라는 표현은 부자연스럽다. 이 문장을 접한 수신자가 머릿속으로 부자연스럽다는 생각을 하게 된다면 그 자체가 메시지 전달과 이해에 부담 요소로 작용하고 만다. '빨간 머리카락'이라는 정보 외에 다른 정보를 처리하게 되기 때문이다. 애초부터 이런 부담을 주려고 의도한 것이 아닌 한 통번역 상황의 문장으로는 적절하지 않다. 표준적인 표현은 '머리카락이 아주 빨간' 정도가 될 것이다.

<u>머리카락이 아주 빨간</u> 아이였어요.

머리카락뿐 아니다. '큰 키를 가진', '아이 둘을 가진', '따뜻한 마음을 가진' 등 온갖 '가진'이 횡행한다. '키가 큰', '아이가 둘인', '마음이

따뜻한'으로 고쳐 쓴다면 더 간명하고 이해하기 쉬운 표현이 된다.

사례 ② 부자연스럽고 복잡한 표현
나는 나의 제안이 가진 <u>장점이 풍부하면서도</u> 명백하고 또한 그 중요성이 매우 크다고 생각한다.

'장점이 풍부하다'는 주술 결합 표현은 표준적이지 않다. '장점'은 어떤 술어와 가장 자연스럽게 결합할까? '장점이 많다', '장점이 여러 가지이다', '장점이 다양하다' 등이 떠오른다. 그런데 이 사례문은 '장점'의 술어만 바로잡고 넘어가기에는 아쉽다. 복잡한 문장의 간명화가 더 필요하다. 이 문장이 복잡한 이유는 다음과 같다.

첫째, '나는 ~~ 생각한다'라는 안은 문장을 제외하고 안긴 문장만 쪼개 보면 '나의 제안이 가진 장점이 풍부하다', '나의 제안이 가진 장점이 명백하다' 그리고 '나의 제안이 가진 장점의 중요성이 매우 크다'가 된다. 공통되는 부분 '나의 제안이 가진 장점이'를 떼어 놓는다면 술어 '풍부하면서도 명백하고 또한 그 중요성이 매우 크다'가 나오는데 이 세 정보의 형태가 통일되지 않았다. 마지막의 '중요성이 매우 크다'를 '(매우) 중요하다'로 바꾸면 앞의 두 정보와 형태가 같아진다.
둘째, '나의 제안이 가진 장점'은 군더더기가 많은 표현이다. '내 제안의 장점'으로 충분하지 않을까?

셋째, '장점'에 대한 세 정보의 등장 순서도 복잡함을 더한다. '풍부하면서도 명백하고 또한 중요한'이라는 세 정보가 어떤 순서로 등장하는 것이 한국어에서 일반적, 표준적인지 생각해 봐야 한다. 수량에 대한 정보는 대개 마지막 순서에 온다. '세 권의 좋은 책'보다 '좋은 책 세 권'이, '여러 예쁜 소녀들'보다 '예쁜 소녀 여러 명'이 더 일반적인 표현이다.

이렇게 표준화, 간명화 과정을 거치면 다음 문장이 만들어진다.

내 제안에는 명백하고 중요한 여러 장점이 있다.

'나는 ~~ 생각한다'라는 안은 문장은 삭제하였다. 내가 내 제안에 대해 설명하는 상황이니 그것이 내 생각이라는 점은 굳이 밝히지 않아도 자명하기 때문이다. 전체 문장의 구조가 '제안의 장점이 무엇이다'에서 '제안에는 어떠한 장점이 있다'로 바뀐 것은 이 구조가 정보 전달에 더 일반화된 형태라는 판단 때문이다. 세 정보의 순서도 수량이 마지막에 나오도록 바꾸어 주었다.

위에 제시한 문장이 정답은 아니라는 점을 다시 한 번 말해두고 싶다. 표준화와 간명화의 방법은 아주 다양하며 위에 제시한 문장은 그 많은 해결책 중 하나에 불과하다. 개인적 선호에 따라, 더 중요하게는 앞뒤 문장과 문맥에 따라 문장은 달리 고쳐질 것이다.

<u>여기서 몇 분 정도가</u> 아틀라시안이라는 회사에 대해서 들어 보셨나요?

역시 원문의 간섭을 받아 만들어진 문장이다. 이 질문을 던진 사람은 회사에 대해 들어 본 사람이 몇 명인지 알고 싶다기보다는 회사에 대한 이야기로 화제를 전환하기 위해 질문 형식을 빌려 주의를 환기하고 있다. 하지만 한국어 문장은 '지금부터 몇 사람인지 헤아려 보려 하나? 내가 그 회사에 대해 들어 보았는지 아닌지 밝혀야 하나?'라는 불필요한 고민을 낳는다. 화제 전환과 주의 환기를 위해 한국어에서는 일반적으로 어떻게 질문을 던지는지 생각해 보아야 한다.

아틀라시안이라는 회사에 대해서 들어 보신 분들이 있을까요?
혹시 아틀라시안이라는 회사를 아시나요?

위와 같은 질문들이 더 익숙하게 다가오지 않는가? 굳이 의문문으로 만들지 않아도 좋다. 평서문으로는 다음과 같은 문장이 가능하다.

아틀라시안이라는 회사에 대해 아실지 모르겠습니다.

사례 ④ 의도치 않은 의미 전달

이유가 무엇이 됐든지 간에 강남스타일의 <u>순간적인</u> 성공은 다시 한 번 한국이

<u>조명을 받도록 내던졌으며</u> 세계 속에서 점점 더 많은 인기를 얻으며 영향을 끼치는 한국 문화가 주목받게 하였다.

표준화라는 면에서 볼 때 사례문에서 살펴 봐야 할 표현은 '순간적인 성공'과 '조명을 받도록 내던지다'의 두 가지이다.

우선 '순간적인 성공'은 반짝 성공했다가 바로 사그라지는 성공이라는 의미로 읽힌다. 그렇지만 앞에 나왔던 내용과 연결해 판단할 때 이 문장에서 전달해야 할 의미는 단시간 안에 거둔 '성공'이다. 이런 성공은 일반적으로 어떻게 표현될까? '갑작스러운 성공', '순식간에 거둔 성공' 등이 가능할 것이다.

다음으로 '조명을 받도록 내던지다'라는 표현에서는 술어 '내던지다'가 문제이다. '내던지다'의 사전적 의미는 '아무렇게나 힘차게 던지다'이고 그 대상은 대개 '불필요하거나 중요하지 않은 것'이다. 강남 스타일이라는 노래 때문에 한국이 조명 받는 상황과는 어울리지 않는 술어이다('내던지다'가 '몸을 내던져 열정을 불태우다'와 같이 긍정적 의미로 사용되기도 하지만 이를 위해서는 제한된 범위의 목적어들이 사용되고 따라서 사례문에는 해당되지 않는다). '내던지다'의 문제는 그 단어를 생략하는 것으로 간단히 해결 가능하다. 이를 테면 '한국이 조명을 받도록 내던지다'를 '한국이 조명을 받도록 했다'로 바꾸면 된다.

이 사례에서 보듯 표준화되지 않은 표현은 오해를 낳을 수 있다. 발신자는 순간이라 부를 만큼 짧은 시간 안에 거둔 성공이라는 의미로 '순간적인 성공'을 썼다 해도 수신자는 이를 '반짝 성공'으로 받아들여 금방 사라질 성공이라는 의미가 덧붙을 수 있다. 또한 '한국이 조명을 받도록 내던지다'라는 표현은 강남 스타일에 대해 혹은 한국에 대해 부정적인 가치관을 담고 있는 것으로 비춰질지 모른다. 통번역 상황의 문장은 더도 덜도 말고 필요한 적정량의 메시지를 전달해야 하는 만큼 이는 바로잡아야 할 문제이다.

중의적이지 않은
문장 만들기

중의성이란 의미가 둘 이상으로 나타날 수 있다는 뜻이다. 의도된 중의성이 아니라면 통번역 상황에서 중의적인 문장은 허용되지 않는다. 메시지 전달에 문제가 발생하기 때문이다. 특히 계약서 번역, 협상 통역 등 정확성이 엄격히 요구되는 상황에서 중의적 문장을 사용했다가는 자칫 법적 분쟁에 휘말릴 위험까지 있다.

사례 ① 이중적 의미 가능성

앨리는 저녁 밥상에서 생각났던 걸 가지고 너무 심하게 웃어서 의자에서 그냥 떨어지곤 했었어.

사례문의 '저녁 밥상에서'가 어느 부분과 연결되는지가 문제이다. '저녁 밥상에서 생각났던 것'으로 연결될 수도 있고 '저녁 밥상에서 너무 심하게 웃어서'로 연결될 수도 있다. 전자라면 심하게 웃은 때가 언제인지 알 수 없지만 후자라면 저녁 먹으면서 심하게 웃은 것이 된다. 문장에 담긴 정보가 서로 다르다. 두 문장을 따로따로 써보면 다음과 같다.

①-1 저녁 먹으면서 떠올랐던 생각을 다시 하던 앨리는 깔깔대며 웃느라 식탁 의자에서 굴러 떨어지곤 했어.

①-2 앨리는 깔깔대고 웃다가 저녁 먹던 식탁 의자에서 굴러 떨어지곤 했어.

'너무 심하게 웃다'는 '깔깔대며 웃다'라고 수정하였다. 우스운 생각이 났을 때 웃는 모습은 일반적으로 '깔깔대며 웃다'라고 표현된다고 판단했기 때문이다. 또한 '의자에서 그냥 떨어지다'는 '의자에서 굴러 떨어지다'로 바꾸었다. 큰 소리로 웃다가 의자에서 떨어지는 모습은 '굴러 떨어지다'라고 쓰는 편이 더 표준적이어서 그렇다. 마지막으로 사례문 마지막의 '했었어'는 '했어'로 고쳤다. 과거에 반복적으로 나타났음을 의미하는 '었'이 '떨어지곤'의 '곤'이 있는 상황에서 중복적으로 사용될 필요가 없기 때문이다.

다시 쓴 첫 번째 문장 '저녁 먹으면서 떠올랐던 생각을 다시 하던 앨리는 깔깔대며 웃느라 식탁 의자에서 굴러 떨어지곤 했어.'는 어딘가 어색하다. '저녁 먹으면서 떠올랐던 생각'이 특정한 어떤 생각으로 읽히는데 서술어가 '굴러 떨어지곤 했어.'라는 반복 의미를 담고 있기 때문이다. 저녁 먹으면서 떠올랐던 특정 생각을 반복해서 하면서 그때마다 의자에서 굴러 떨어지는 상황이 가능할까? 두세 번 거듭해 생각하다 보면 더 이상은 굴러 떨어질 정도로 재미있지 않을 것 같다. 결국 사례문은 ①-2, 즉 저녁 먹다가도 걸핏하면 우스운 생각을 하고 웃어대다가 의자에서 굴러 떨어지는 상황을 의미하는 것으로 여겨진다.

사례 ② 이중 수식 가능성
우리가 이 <u>게으르고 위험한 당근과 채찍의 이데올로기</u>에서 벗어날 수 있다면….

'게으르고 위험한'은 '당근' 하나만 수식할 수도, '당근과 채찍'을 수식할 수도, '(당근과 채찍의) 이데올로기'를 수식할 수도 있다. 문장 구조로 보자면 그렇다. 물론 의미를 생각하며 거듭해 읽어 보면 '이데올로기'를 수식한다는 점이 분명하지만 말이다. 문제는 '게으르고 위험한'과 '당근과 채찍의'라는 두 수식어가 나란히 나오면서 '이데올로기'를 꾸며준다는 데 있다. 수신자가 '게으르고 위험한 당근'까지 읽은 후 '당근이 게으르고 위험하다니 대체 무슨 이야기일까?'라고 당황하지 않도록 하려면, 시간과 노력을 들여 거듭해 읽어보지 않고도 수식 관계를 바로 이해하게끔 하려면 어떻게 해야 할까?

'게으르고 위험한' 다음에 쉼표를 찍으면 된다고 생각하는가? 이는 게으르고 위험한 방법이다. 통번역사로서 최소한의 조치만 취하고 여전히 수신자의 부담을 남겨둔다는 점에서 게으르고, 오해의 여지가 완전히 사라지지 않는다는 점에서 위험하다. 한쪽 수식어의 형태를 바꾸는 것이 한 가지 방법이다.

우리가 당근과 채찍이라는 이 게으르고 위험한 이데올로기에서 벗어날 수 있다면….

'당근과 채찍의'라는 수식어를 '당근과 채찍이라는'으로 바꾸어 의미 단위를 한 번 끊어 주는 것이다. 사례문에서는 '게으르고 위험한' 다음에 '당근과 채찍의'가 나왔지만 수정 문장에서는 순서가 바뀌었다. '이데올로기'라는 피수식어 앞에 어느 것이 더 가까이 붙어야 수신자의 이해 부담이 줄어들지 고민한 결과 '게으르고 위험한'이라고 판단했기 때문이다.

여기까지 수정하고 보니 '게으르고'라는 표현이 눈에 걸린다. '게으른 이데올로기'라는 표현은 표준적인가? 여기서 '게으른'은 '부지런한'의 반대 의미라기보다는 '상황 변화에 맞춰 융통성을 발휘하지 못하고 예전 원칙만 고집하는'이라는 의미이다. 이런 상황에서는 '게으른'보다 '나태한'이 더 어울릴 것 같다.

우리가 당근과 채찍이라는 이 나태하고도 위험한 이데올로기에서 벗어날 수 있다면….

호응이 잘 맞고
간명하고 표준적이면서
중의성도 없는 문장을
만들기 위한 연습

사례문을 수정하면서도 드러났지만 호응 맞추기, 간명화, 표준화, 중의성 없애기는 떼어 놓고 보기 어렵다. 호응을 맞추다 보면 표준화의 문제가 나타나고 중의성을 없애면서 간명화를 이루어야 하는 식이다. 이 때문에 문장 만들기 연습에서도 이를 한꺼번에 다루겠다.

문장 연습 1 _ 문장에 유의하며 텍스트 읽기

신문, 잡지 등 표준화된 문장을 주로 사용하는 텍스트에서 문장에 주의를 기울이며 읽어 보자. 지금까지는 문장보다 내용에 초점을 맞춰 읽어 왔을 테니 아마 무척 새로운 경험일 것이다. 개인 문체가 두드러지는 외부 필진 칼럼보다는 부서장과 교열 팀을 거친 기자의 글이 더 좋다.

문장을 어떤 형태, 어떤 길이로 쓰는지 유심히 살펴보라. 문장들의 구조가 평소 자신이 사용하는 구조와 같은지 다른지, 다르다면 어떻게 다른지 보라. 혹시 잘 이해가 가지 않는 문장이 있다면 모르는 어휘를 찾아 본다든지, 문장을 나누거나 주어를 바꾸는 등 구조를 변화시켜 본다든지 하면서 이해가 가도록 고쳐라.

통번역사들은 새로운 주제 분야를 다루게 될 경우 그 분야 내용을 담은 표준적인 텍스트를 찾아 읽곤 한다. 전형적인 어휘와 표현을 익히기 위해서이다. 보도 기사를 읽을 때도 주의를 기울여 살펴 보면 특정 사건이나 이슈에서 전형적으로 등장하는 표현을 찾을 수 있다. 이는 관련된 통번역 상황에서 바로 적용 가능하다.

문장 연습 2 _ 검색을 통해 표준적인 표현 찾기

문장을 만들다 보면 어떤 어휘와 표현을 써야 할지 아리송할 때가 있다. 지금 생각난 이 명사와는 어떤 동사가 주로 결합하는지, 이 명사를 수식하는 형용사로는 무엇이 쓰이는지 등등. 그럴 때는 검색이 답이다.

자기 머릿속에만 의존해 문장을 만들지 말라. 나의 경험은 한정되어 있고 그 경험에서 축적된 표현들 중 대다수는 수동적 상태로 남아 있다. 꺼내서 사용하기보다는 듣고 이해하는 상태로만 존재한다는 뜻이다. 통번역사는 늘 손가락을 바삐 놀리며 검색하는 사람이다.

지금은 수많은 인터넷 자료를 통해 무엇이 가장 일반적인 표현인지 금방 확인할 수 있는 좋은 세상이다. 이 시대의 장점을 충분히 누리도록 하라. 단, 출처는 확인하는 것이 좋다. 개인이 올린 텍스트, 신생 인터넷 매체에서 작성한 기사 등은 표준적인 표현을 쓰지 않았을 가능성도 높기 때문이다.

문장 연습 3 _ 문장 일부 괄호 채우기 연습

문장의 주어나 목적어, 수식어나 서술어를 지우고 채워 보는 연습이다. 혼자 하는 연습이라면 신문기사 등으로 문제를 만들어 두고 일주일쯤 지나 머릿속에서 내용이 흐릿해졌을 때 빈칸을 채워 보면 된다.

이 연습은 호응과 표준적 표현을 연습하는 데 유용하다. 괄호를 채우는 과정에서 유의어와 동의어도 생각해 볼 수 있다. 예를 들어 '삶의 질을 (   )'라는 문제의 괄호 속에는 '높이다', '향상시키다', '제고하다' 등 다양한 술어가 들어간다. 통번역 상황에서 유의어와 동의어는 대단히 유익한 도구이다. 생각날 듯 말 듯한 표현을 떠올리느라 시간을 끄는 대신 신속하게 다른 표현으로 대체할 수 있어야 하기 때문이다.

문장 연습 4 _ 문장 고쳐주고 고쳐 받기

통번역을 위한 문장 연습에서 가장 기본적이고도 중요한 연습이다. 통번역사들도 통번역 상황에서 문장 고치기 연습을 끊임 없이 반복한다. 자신의 문장을 고치기 위한 준비 및 연습은 동료들의 문장을 고쳐 보는 것이다. 앞서 맞춤법과 띄어쓰기 교정하기 연습과 마찬가지로 내게서는 안 보이던 문제를 동료들의 문장을 통해 인식할 수 있다. 제대로 교정하기 위해 자료를 찾아 보고 고민해 보는 경험도 중요하다.

교강사가 학생들의 문장 중에서 문제되는 것을 제시하고 무엇을 어떻게 수정하면 좋을지 함께 논의하는 연습도 유용하다. 문장에 대해 별달리 신경 쓰지 않던 학생들의 주의를 제고하는 효과가 높은 것은 물론이고 문장을 쓴 사람과 그 문장을 읽는 사람의 생각이 어떻게 다른지 확인할 수 있기 때문이다. 자기 문장을 읽은 동료들의 다양한 해석을 접하고 깜짝 놀라는 경우가 적지 않다. 문장 해석은 읽는 사람의 경험과 견해, 언어 사용 습관 등 개인적 요소에 따라 달라진다. 따라서 모든 사람에게 완벽하게 한 가지 의미로만 해석되는 문장을 만들기란 아예 불가능할지도 모른다. 통번역을 위한 문장 만들기의 목표는 모든 사람은 아니더라도 최대한 많은 사람이 같은 의미로 이해할 수 있도록 간명하고 표준적인 문장을 만들어내는 것이다. 이해의 교집합을 최대한 끌어내야 한다.

문장 연습 5 _ 자신의 말 녹음해 들어 보기

앞서 발음과 발성 확인을 위해 녹음하고 들어 보는 방법을 추천했다. 그런데 녹음은 문장 교정에도 효과적이다. 이 때는 읽기가 아니라 말하기 혹은 통역 연습하기를 녹음하게 된다. 글로 쓴 문장은 다시 읽으면서 고칠 수 있지만 말로 뱉은 문장은 수정하기 어렵다. 그래서 간명하게 말하기가 더욱 중요해진다. 녹음을 듣다 보면 호응이 안 맞는 문장, 중복되거나 복잡한 문장이 속출한다. 자신이 주로 어떤 문장에서 실수를 저지르는지, 그 실수를 줄이려면 어떻게 해야 하는지 고민하고 꾸준히 고치는 과정이 필요하다. 문장을 의식하면서 말하고 이를 녹음하여 수정하는 과정을 반복하다 보면 점차 문장이 정확해진다. 실수를 줄이는 황금률은 가능한 한 문장을 짧게 만들어 주어와 술어를 통제하는 것이다. 물론 어느 정도로 짧게 만들지는 개인의 성향에 따라 달라진다.

높임말 바로 쓰기

한국어의 높임말 체계는 퍽 복잡하다. 처음 학교에 입학해 선생님 앞에서 높임말을 써야 했을 때 당황한 나머지 자꾸 틀리고, 또 틀린 걸 깨달으면서 더 당황했던 기억이 생생하다. 집에서 거의 써 보지 않았던 탓이다. 이렇게 모국어 화자라 해도 높임말은 제한적으로 사용하는 경우가 많다.

그런데 통번역에서는 높임말을 제대로 쓰는 것이 아주 중요하다. 우선 통역 상황에서는 연사의 말을 받아 청중에게 전달할 때도, 연사를 향해 말할 때도, 회의 주최 측 등 관련인들과 대화할 때에도 높임말을 사용하기 때문이다. 대규모 청중을 대상으로 하지 않는 협상 통역에서도 높임말은 필수이다. 참석자들 사이의 서열 관계를 파악해 적절히 말에 반영하는 것도 중요하다. 번역에서도 높임말은 아주 중요하다. 특히 연설문, 소설 등을 한국어로 번역할 때에는 높임말이

인물 특성(성별, 나이, 성격, 교육수준 등), 인물 간 관계, 감정 상태 등을 표현하는 중요한 도구가 된다. 이 도구를 제대로 활용하려면 정확한 사용법을 숙지해야 한다.

한국어의 높임말은 크게 조사와 선어말 어미 '시'를 통해 실현되는 경우, 높임의 의미가 포함된 별도의 동사와 명사를 사용하는 경우, 종결어미를 달리 하는 경우로 나눌 수 있다.

주격 조사 '이/가' 대신에 '께서'를 사용하고 부사격 조사 '에게' 대신 '께'를 사용하는 것, 동사 종결어미 앞에 '시'를 넣는 것은 잘 아는 방법이다. '연사가 도착했어요'의 높임말은 '연사께서 도착하셨어요'이다. 여기서 주의할 점은 '시'를 중복 사용하지 않는 것이다. '만나셔서 기뻐하셨다' 혹은 '오신다고 하십니다' 대신 '만나서 기뻐하셨다' 혹은 '온다고 하십니다'라고 하면 충분하다. 또한 '시'는 주체를 높이는 선어말 어미이므로 '품절이십니다' '포장이세요?'와 같이 사물에 붙이는 것은 옳지 않다.

높임의 의미가 포함된 동사는 상대를 높여주는 '자다'(주무시다) '있다'(계시다) '먹다'(드시다) 등과 나를 낮추는 '여쭤보다' '뵙다' '모시다' '드리다' 등으로 다양하다. 나를 낮추는 말을 상대를 높이는 말로 혼동해 사용해서는 곤란하다. 예를 들어 요즘 대학 강의실에서 심심치 않게 듣는 표현이 '제게 여쭤 보셨거든요.'이다. '여쭤 보다'는 묻는 주체를 낮춤으로써 상대를 높이는 말이다. 따라서 '제게 여쭤 보다'는 자신이 아닌 상대를 낮추는 문장이 되어 버린다. '제게 물어 보셨거든요.'라고 써야 옳다.

높임의 의미가 포함된 명사로는 '진지'(밥), '따님', '아드님' 등 상대와 관련된 사물이나 사람을 높이는 말이 있다. '우리'를 낮추는 대명사 '저희'는 주의해서 써야 한다. 말하는 사람이 포함된 무리를 낮추는 말이므로 듣는 상대방까지 포함되어 있다면 사용하지 말아야 한다. 그러므로 한국인 앞에서 '저희 나라'라고 한다든지, 같은 학교 학생들 앞에서 '저희 학교'라고 말하면 틀린 표현이 된다.

높임법과 관련된 종결어미는 하십시오체(갑니다, 갑니까, 가십시오, 가시지요), 하오체, 하게체, 해라체, 해요체(가요, 가세요), 해체 등 총 여섯 개가 존재한다. 이중 통역에서 주로 쓰이는 것은 하십시오체와 해요체이다. 이 두 가지를 중심으로 연습하면 된다. 번역에서는 텍스트 종류에 따라 하십시오체가 주로 쓰이고 상황 맥락에 맞춰 몇 가지 종결어미가 선택되기도 한다. 앞서 언급했듯 텍스트의 종결어미는 다양한 의미를 전달하므로 일관성 있게 사용해야 한다.

높임말과 관련해 호칭도 중요하다. '○○○ 씨'라고 하면 충분히 높인 것이라 생각하기 쉽지만 '씨'는 동년배나 나이 어린 사람을 높여주는 표현으로 통용되고 있으므로 나이가 더 많은 사람에게는 쓰지 말아야 한다. 자칫 상대방이 불쾌하게 받아들일 가능성이 있다.

언제부터인가 퍼지기 시작한 '수고하세요'라는 인사말도 높임의 의미는 제한적이다. '고생 많으셨습니다' '애쓰셨습니다' '고맙습니다' 등 대체가능한 인사말이 얼마든지 있다.

최근 대학생들 사이에서 눈에 띄는 오류는 '모쪼록'이라는 부사와 관련된 것이다. 글이나 번역을 읽고 댓글을 다는 상황에서 '<u>모쪼록</u> 잘 읽었습니다'라든지 '<u>모쪼록</u> 번역하느라 고생 많으셨습니다'와 같은 표현이 등장하곤 한다. '모쪼록'은 '모쪼록 건강하십시오'와 같은 용례에서 알 수 있듯 기원하는 마음을 전달하는 부사이다. 감사나 치하의 의미를 담은 문장에는 어울리지 않는다. 학생들은 상대를 높인다는 차원에서 무의식적으로 이 부사를 사용하는 듯하다.

높임말 연습 _ 일정표를 소개하는 사회자 역할 수행하기

회의 일정표를 바탕으로 사회자로서 일정을 소개하는 연습을 해 보자. 누가 어떤 발표를 하게 되는지, 순서는 어떻게 이어지는지 등을 설명하려면 매끄러운 높임말 사용이 필요하다. 더불어 발표자의 직위와 이름을 표현하는 방법, 순발력 있게 정보를 전달하는 기술 등도 연습할 수 있다.

또한 같은 내용이라도 '식순을 알려드리겠습니다.' '식순을 소개해 드리겠습니다.' '식순은 다음과 같습니다.' 등 다양하게 표현할 수 있도록 연습하는 것도 순발력을 높이는 데 중요하다.

예를 들어 다음 표와 같은 회의 일정을 소개한다고 하자.

행사명: 중국 포럼

주 제: 중국 경제의 뉴노멀과 한국의 대응 전략

09:00 – 09:30	개회사	이○○　나라사랑일보 사장
	환영사	정○○　국무총리
	축사	한○○ 한국무역협회 회장
		추○○ 주한 중국 대사
09:30 – 09:50	기조강연	사○○ 세계경제연구원 이사장, 전 재무부 장관
09:50 – 10:30	주제발표	장○○ 푸단대학교 중국경제연구소장
		정○○ ○○대학교 국제대학원 교수, 전 주중 한국대사관 경제공사
10:30 – 12:00	주제발표 및 대담	장○○ 베이징대 금융학 교수
		리우○○ 중국 ＊＊은행 한국대표
		(좌장) 하○○ ＊＊경제연구원 대표이사
12:00 – 13:00	오찬	

　그러면 "안녕하세요? 중국 포럼 회의 일정을 소개하겠습니다. 오늘 회의의 주제는 '중국 경제의 뉴노멀과 한국의 대응전략'입니다. 회의는 오전 9시부터 시작해 휴식 시간 없이 12시까지 진행된 후 오찬으로 이어지겠습니다. 우선 9시부터 30분 동안 개회사와 환영사, 축사가 있습니다. 개회사를 해 주실 분은…,"이라는 식으로 가상의 사회자 역할을 해볼 수 있다.

한자와 관용어의 문제

한국어에는 한자 어휘가 많다. 통번역 대상이 되는 공식 문서에는 일상어에 비해 한자 어휘 비중이 더욱 높으며 의미 혼란을 방지하기 위해 한자를 쓰거나 병기해야 하는 경우도 적지 않다. 따라서 일정 수준의 한자 이해력이 반드시 필요하다.

그렇다고 천자문을 그냥 외우라는 식의 학습은 효과가 좋지 않다. 한국어 텍스트를 공부하면서 그 안에 포함된 중요 한자 찾아 보기, 동일한 글자를 공유하는 한자어 어휘를 연결지어 보기(감액(減額), 증액(增額), 세액(稅額), 액면가(額面價) 등), 의미를 잘못 알고 있기 쉬운 어휘 확인하기(여자만 지칭할 수 있는 재원(才媛), 유복자와 혼동할 수 있는 사생아(私生兒), 스무 살 안팎 여자만 묘사할 수 있는 묘령(妙齡), 저녁 식사를 뜻하므로 점심 식사 때 사용하면 곤란한 만찬(晩餐) 등), 한자를 많이 사용하는 일간지를 통해 시사 한자 점검하기 등의 여러 방법을 동원할 수 있다.

한자어는 맞춤법 바로잡기에도 도움이 된다. 한자어 유래를 생각했다면 '영안실(영안실(靈安室)은 시신을 안치하는 곳이다. 안전하게 잘 모신다는 의미에서 '安'이 들어간다)'이나 '장례식장(장례식장(葬禮式場)은 장례를 치르는 곳이다. 의례를 뜻하는 '禮'가 들어간다. 혼례, 관례, 예식, 예복 등에도 들어가는 글자이다) 같은 오류는 나오지 않을 것이다. 또한 '입장을 이해(理解)하다'와 '이해(利害)관계가 얽히고설켜' 혹은 '산적(散積)한 과제'와 '산적(山賊) 같은 놈' 등 동음이의어를 이해할 때에도 한자어가 중요한 역할을 한다.

번역문에서는 이해를 돕고 오해를 방지하기 위해 한자어를 병기하곤 한다. 반(反), 대(對), 고(故), 전(前), 구(舊) 등 한 글자 한자어의 경우, 오해 가능성이 있는 동음이의 한자어의 경우 병기가 많은 편이다. 예를 들어 한자 병기 없이 '반개혁'이라고 쓰면 개혁을 반대하는 반(反)개혁으로도, 절반만 개혁되는 반(半)개혁으로도 이해될 수 있어 오해를 낳는다.

특정 상황에 딱 들어맞는 관용어와 사자성어, 속담은 텍스트 생산 못지않게 이해 분석에도 중요한 역할을 한다. 이 부분에 대한 지식도 보강해야 할 필요가 있는데 자주 쓰이는 관용어 목록을 살피고 잘 모르는 것은 용례를 찾아보는 노력, 평소 접하는 텍스트에 관용어가 나오면 무심코 지나가지 말고 꼼꼼히 살펴 보는 노력이 요구된다.

한자와 고사성어에 대해서는 책 마지막 부분의 덧붙임 1, 2를 참조하라.

텍스트를 분석하고
재구성하기

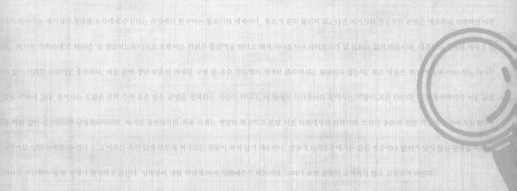

잘 전달되도록 단어 등 문장 요소를 말하고 쓰는 1단계, 바른 문장을 만드는 2단계를 지나 이제 텍스트 단위를 다룰 차례이다. 앞선 두 단계가 전달의 도구를 가다듬은 것이었다면 이 3단계는 전달의 내용, 즉 메시지에 초점을 맞춘다. 텍스트를 분석해 메시지를 찾아내고 그 메시지를 바탕으로 다시 새로운 텍스트를 만드는 것이다.

한국어를 훈련한다고 하면 단어와 문장이 잘 전달되도록 하는 측면만 생각하기 쉽지만 사실 이는 메시지 전달을 위한 기본 단계에 불과하다. 우리의 언어생활은 단어와 문장 차원에 국한되지 않고 메시지를 중심으로 이루어지기 때문이다. 문제는 메시지를 찾아내고 전달하는 일이 생각보다 쉽지 않다는 데 있다.

강의실에서 다 같이 칼럼 한 편을 읽거나 강연을 들은 후 혹은 뉴스나 토론 프로그램을 본 후, 메시지가 무엇이었는지 토론해 보면 각자 받아들인 메시지가 완전히 상반되는 경우가 종종 있다. 그 메시지에 대한 각자의 의견이 다른 것은 자연스러운 일이지만 칼럼이나 강연, 뉴스나 토론이 전하고자 하는 바를 서로 다르게 이해한다면 문제가 된다. 글이나 말이 전달하는 메시지를 제대로 잡아내지 못한 경우 제 3자에게 다시 전달하는 일은 아예 불가능하다.

이런 현상의 이유는 두 가지로 보인다. 첫째, 우리 대부분은 자신이 읽거나 들은 텍스트를 올바르게 이해했는지 확인할 기회가 없고 따라서 자신이 이해한 바가 옳다고 확신한다. 설사 일상의 대화에서 그런 이해의 불일치가 발견되었다 해도 상대에 대한 예의와 배려 차원에서 넘어가 버린다. 굳이 메시지를 확인하려 들면 '피곤한 사람'이라는 소리를 듣기 십상이다. 둘째, 자신이 읽거나 들은 텍스트의 메시지가 무엇인지 찾아내려는 노력조차 굳이 하지 않는다. 그저 건성으로 읽고 들은 후 기억에 남은 표현에만 의지하는 것이다. 듣고 싶은 정보만 받아들이고 나머지는 무시해 버리기도 한다. 이런 현상은 정보가 지나치게 많아 감당하기 어려운 오늘날에 더 흔한 현상이 되었다.

하지만 이렇게 적당히 읽고 듣는 상황에서는 통번역을 할 수 없다. 통번역이 전달해야 하는 것은 단어, 문장, 문단이 상호작용하며 만들어내는 텍스트의 메시지이기 때문이다. 게다가 통번역 상황에서 처리하게 되는 정보는 양도 많고 논리적 구조도 복잡한 경우가 대부분이다. 이 때문에 텍스트를 분석하고 재구성하는 연습이 중요하다.

3단계를 읽어 나가다 보면 중고등학교 국어나 영어 시험 문제들이 떠오를지도 모른다. 지문을 제시하고 '이 지문에서 주장하지 않는 내용은?' 혹은 '이 지문의 핵심 내용은?'과 같은 질문에 답했던 경험 말이다. 사실 크게 다르지 않다. 텍스트 분석과 재구성은 좁은 의미의 통번역에 국한되지 않는, 언어를 부려 쓰고 사고를 확장하는 광범위한 활동이기 때문이다.

논지 따라잡기

'논지'란 무엇일까? '논지'의 사전적 정의는 '논하는 말이나 글의 취지'이다. 또 '취지'의 사전적 정의는 '어떤 일의 근본이 되는 목적이나 긴요한 뜻'이다. 그러므로 논지란 '논하는 말이나 글의 근본 목적이나 중요한 의미'가 된다. '논지 따라잡기'는 '텍스트의 목적을 알고 의미하는 바를 이해하는 과정'이다.

논지 따라잡기는 텍스트의 종류나 상황에 따라 조금씩 방법이 달라진다. 텍스트의 목적과 의미가 뚜렷한 경우, 꼼꼼히 읽어 가며 논지를 잡아 가야 하는 경우, 여러 사람의 논지가 섞여 있는 경우, 논리적 공백이 있는 경우로 나누어 살펴 보자.

🔍 논지 흐름을 파악하기

텍스트의 목적과 중요 의미가 상대적으로 뚜렷한 경우 전체를 한꺼번에 살펴 보면서 논지 흐름을 알아 볼 수 있다. 텍스트 파악의 단위는 단락이다. 각 단락이 전체 텍스트의 목적과 의미를 위해 어떻게 연결되어 있는지 뼈대를 살펴 보는 것이다.

논지 흐름을 파악하는 연습 과정은 다음과 같다.

① 텍스트 각 단락의 목적을 파악하고 단락 제목 붙이기
② 제목을 붙인 단락의 핵심 내용 파악하기
③ 각 단락의 의미상 연결고리 파악하기
④ 마무리 연습으로 텍스트 재생산하기

사례를 통해 조금 더 구체적으로 살펴 보자. 다음 사례는 행사장에서 흔히 만나게 되는 축사이다. 축사를 어떤 상황에서 왜 누가 하는지는 비교적 분명하다. 전개 형식도 일정한 편이다. 따라서 전체 논지 흐름을 파악하는 일도 어렵지 않다.

축 사

안녕하십니까? 문화체육관광부 장관 OOO입니다.

목적: 인사말
제목: 문화체육부 장관 OOO

다사다난했던 20xx년도 이제 한 달여 만을 남겨 두고 있습니다. 한 해를 마무리하고 새해를 준비하는 시점에서 언어문화 개선의 성과와 발전 방향을 논의하는 범국민연합 제2차 토론회를 개최하게 된 것을 매우 기쁘게 생각합니다.

> **목적:** 개최자 인사
> **제목:** 범국민연합 제2차 토론회 개최
> **요지:** 언어문화 개선의 성과와 발전방향을 논의하는 범국민연합 제2차 토론회 개최

더욱이 한글의 문화적 가치를 널리 알리고 확산하기 위해 올 한글날에 개관한 국립한글박물관에서 우리 말과 글을 아끼고 가꾸기 위한 자리를 이렇게 마련하게 되어 더욱 뜻 깊게 생각합니다.

> **목적:** 개최 의의
> **제목:** 우리말을 위한 뜻 깊은 자리
> **요지:** 국립한글박물관에서 마련된 우리말을 아끼고 가꾸기 위한 뜻 깊은 자리

[출처] 문화체육부관광부 홈페이지

① **텍스트 각 단락의 목적을 파악하고 단락 제목 붙이기**

텍스트의 논지 흐름 파악의 첫 단계이다. 3~5줄 길이의 각 단락이 가진 목적을 '환영', '감사', '개최 취지' 등 한두 단어로 정리한다. 다음으로는 목적에서 한 단계 더 구체화하여 제목을 붙여 본다. 목적이 '개최자 인사'라면 제목은 '범국민연합 제2차 토론회 개최'로 구체화하는 것이다.

② **제목을 붙인 단락의 핵심 내용 파악하기**

목적과 제목이 명시된 단락에 이번에는 핵심 내용이 되는 요지를

정리해 적어 본다. '범국민연합 제2차 토론회 개최'라는 제목만으로는 무엇을 위한 연합이고 토론인지 알 수 없다. 이를 보충하는 핵심 내용은 '언어문화 개선의 성과와 발전방향을 논의하는 범국민연합 제2차 토론회 개최'가 된다.

③ 각 단락의 의미상 연결고리 파악하기

이제 각 단락의 목적과 제목 그리고 핵심 내용을 파악한 상태이다. 이번에는 각 단락 간 의미상 연결고리를 파악할 차례이다. 이어지는 두 단락은 주장의 전개일 수도, 방향 전환일 수도, 병렬적 정보 제공일 수도, 반박이나 반론일 수도 있다.

여기서 꼭 기억해야 할 점은 텍스트에 드러나 있는 접속사를 무조건 믿고 따라서는 안 된다는 것이다. 우선 접속사 본래의 뜻과는 상관없이 특정 접속사를 습관적으로 반복하는 경우가 적지 않다. '하지만'이나 '따라서'와 같은 접속사를 문맥과 무관히 단락마다 붙이는 사람들도 많다. 또한 방향 전환이나 반론을 시작하면서 접속사를 사용하지 않는 경우도 빈번하다. 접속사 외에도 의미 연결 관계를 나타낼 수 있는 방법들이 여럿 존재하기 때문이다. 예를 들어 의문문으로 앞 단락에 문제를 제기할 수 있다. 마지막으로 동일한 접속사라 해도 그 의미 연결 관계가 다를 수 있다. '하지만'으로 시작하는 단락은 앞 단락 전체를 반박할 수도 있고 부분적인 이견을 표명하기도 한다.

따라서 각 단락의 의미상 연결고리 파악을 위해서는 접속사가 아닌 문맥 차원의 접근이 필요하다. 앞서 파악한 핵심 내용이 중요한 단서가 된다. 예를 들어 아래쪽 축사 전문을 보면 단락 〈2〉와 단락 〈3〉은 그 사이에 '또한'이나 '그리고' 등의 접속사가 없지만 내용상 병렬 의미임을 알 수 있다.

이제 축사 전체의 논지 흐름이 파악된 결과를 보자.

축 사

〈1〉 안녕하십니까? 문화체육관광부 장관 000입니다.

> **목적:** 인사말
> **제목:** 문화체육부 장관 000

〈2〉 다사다난했던 2014년도 이제 한 달여 만을 남겨 두고 있습니다. 한 해를 마무리하고 새해를 준비하는 시점에서 언어문화 개선의 성과와 발전 방향을 논의하는 범국민연합 제2차 토론회를 개최하게 된 것을 매우 기쁘게 생각합니다.

> **목적:** 개최자 인사
> **제목:** 범국민연합 제2차 토론회 개최
> **요지:** 언어문화 개선의 성과와 발전방향을 논의하는 범국민연합 제2차 토론회 개최

〈3〉 한글의 문화적 가치를 널리 알리고 확산하기 위해 올 한글날에 개관한 국립한글박물관에서 우리 말과 글을 아끼고 가꾸기 위한 자리를 이렇게 마련하게 되어 더욱 뜻깊게 생각합니다.

> **목적:** 개최 의의
> **제목:** 우리말을 위한 뜻 깊은 자리
> **요지:** 국립한글박물관에서 마련된 우리말을 아끼고 가꾸기 위한 뜻 깊은 자리

〈4〉 오늘날 세계적으로 가장 우수한 언어라고 평가받고 있는 우리말은 이제 그 사용 인구가 세계 13위에 이르고 있으며, 세계인들이 배우고, 말하고 싶어 하는 언어로 발전하였습니다. 이것은 우리말을 지키려고 희생과 헌신을 아끼지 않은 우리 선현들과 여러분의 지속적인 노력이 있었기에 가능한 일

> **목적:** 개최의의2
> **제목:** 우리말의 확산과 발전 모멘텀
> **요지:** 우리말의 사용 인구가 세계 13위에 이른 것은 선현들의 희생과 여러분의 지속적인 노력이 있었기에 가능한 것

이었습니다.

〈5〉 그러나 요즘 우리 말글이 처한 현실이 그리 좋은 것만은 아닌 것 같습니다. 아직도 공공기관의 어려운 전문용어와 외국어 남용, 방송·인터넷의 폭력적·선정적 언어 사용, 청소년의 무분별한 욕설·비속어 사용 등은 계속되고 있습니다.

목적: 현실 상기
제목: 우리말이 직면한 문제점
요지: 공공기관, 방송·인터넷, 청소년들 사이에서 나타난 문제점

〈6〉 이러한 상황을 더 이상 방치할 수 없다는 공감대가 사회 각계에서 형성되고 있고, 이를 개선하기 위한 노력도 범국민적으로 확산되고 있음은 다행이라 하겠습니다.

목적: 해결을 위한 노력
제목: 다각도의 노력
요지: 이러한 문제를 방치해서는 안 된다는 공감대 형성, 개선하기 위한 노력 확산

〈7〉 이런 취지로 지난 3월에 제1차 토론회를 진행한 데 이어 오늘 제2차 토론회를 진행하게 되었습니다. 오늘 토론회는 우리 사회 언어문화의 올바른 방향에 대해 함께 고민하는 귀중한 시간이 될 것이라고 믿습니다.

목적: 토론의 취지
제목: 우리말의 발전 방향
요지: 우리 사회 언어문화의 올바른 방향에 대한 토의

〈8〉 범국민연합이 주도하는 가운데 2014년 한 해 동안 정부 각 부처, 언론, 학계, 시민단체 등 주요 주체들은 언어문화 개선을 위해 함께 다양한 노력을 기울여 왔으며, 그 성과가 사회 곳곳에서 서서히 나타나고 있음을 체감하고 있습니다. 우리가 이러한 노력을 멈추지 않고 계속 이어간다면 머지않아 바르고 품격 있는 언어문화가 우리 생활 속에 정착되리라 생각합니다.

목적: 전체적 결론
제목: 결실을 맺기 위한 지속된 노력의 필요성
요지: 바르고 품격 있는 언어문화의 정착을 위해 범국민연합을 필두로 하는 각계각층의 지속적인 노력 필요

〈9〉 마지막으로 오늘 행사를 위해 애써 주신 범국민연합 공동대표님들, 토론회를 준비해 주신 국어문화원연합회장님과 관

목적: 맺음말
제목: 감사의 말씀
요지: 바쁘신 와중에 참석해 주신 여러분께 감사의 마음 전달

계자 여러분, 발표자와 토론자 여러분, 그리고 바쁘신 가운데에
도 행사에 참석해 주신 모든 분들께 감사의 말씀을 드립니다.

2014년 00월 0일

문화체육관광부 장관 000

④ 마무리 연습

논지 흐름 파악하기의 마지막 단계에서는 목적, 제목, 요지 등을
적어 놓은 메모만 보고 내용을 전달하는 연습을 할 수 있다. 각 단락
의 핵심 내용을 파악하고 단락 간 의미 연결도 확인한 상태이므로 얼
마든지 나름의 축사를 만들어 볼 수 있다. 원고의 세부 사항은 생략
되어도 기본이 되는 메시지는 충실하게 전달된다. 그 예를 보자.

〈마무리 연습의 예〉

안녕하십니까? 문화체육관광부 장관 000입니다.

언어문화 개선의 성과와 발전방향을 논의하기 위해 이렇게 범국민연
합 제2차 토론회를 개최하게 된 것을 매우 기쁘게 생각합니다.

특히 국립한글박물관에서 우리말을 아끼고 가꾸기 위한 자리를 마련
하여 그 뜻이 더욱 깊은 것 같습니다.

오늘날 우리말 사용인구가 세계 13위에 이르게 된 것은 옛 선현들의
희생과 헌신뿐 아니라 여러분들의 지속적인 노력이 있었기에 가능했
다고 봅니다.

그러나 우리말이 여러 문제에 직면한 것도 사실입니다. 여전히 공공기관과 방송, 인터넷 등에서, 또 청소년들 사이에서 언어사용의 문제가 지속적으로 지적되고 있습니다.

다행인 것은 이러한 상황을 그대로 방치해서는 안 된다는 공감대가 형성되고 있고 또 상황을 개선하기 위한 노력이 확산되고 있다는 것입니다.

이런 취지로 개최하게 된 이번 토론회는 우리 사회 언어문화의 올바른 방향을 모색하는 귀중한 시간이 될 것으로 생각합니다.

실제 우리는 범국민연합의 주도로 바르고 품격 있는 언어문화의 정착을 위해 노력을 기울여 왔습니다. 향후 이러한 각계각층의 노력이 지속적으로 이루어진다면 그 노력이 결실을 맺게 될 것은 두말할 나위가 없겠습니다.

마지막으로 토론회를 개최하신 범국민연합 관계자 여러분과 바쁘신 와중에도 참석해 주신 여러 참석자들께 심심한 감사의 말씀을 드리는 바입니다.

이 연습은 통번역이 단어와 표현의 전달이 아닌, 메시지의 전달이라는 점을 분명히 알려 준다. 통번역을 처음 배우게 되면 '텍스트가 말하고자 하는 바를 전달할 것', '단어를 그대로 옮기려 하지 말고 텍스트의 논지를 파악해 전달하고자 하는 바를 먼저 알아낼 것'이라는 말을 귀에 못이 박이도록 듣게 된다. 논지 흐름을 잡지 않은 채 단어만 전달하는 경우 듣는 사람은 그 핵심 내용을 절대로 이해할 수 없다. 예를 들어 위의 축사 시작 부분을 다음과 같이 전달 받는다고 생각해 보라. 논지의 흐름 없이 단어만 나열해서는 정보가 제대로 연결되지 않고 뒤죽박죽 되어 무엇을 위한 인사말인지 알 수 없게 된다.

"안녕하십니까? 문화체육관광부 장관입니다. 2014년은 다사다난했습니다. 이제 새해를 준비할 때입니다. 범국민연합 제 2차 토론회를 개최합니다. 한글날은 한글의 문화적 가치를 널리 알리고 확산하는 날입니다⋯⋯"

논지 흐름을 파악하기 위한 메모는 통역 훈련에서 중요한 노트테이킹 기본 연습이 되기도 한다. 노트테이킹은 연사가 2~3분 정도 말하고 뒤따라 그 내용을 통역하는 순차 통역 상황에서 내용의 기본 골격을 메모하는 것을 말한다. 노트테이킹을 처음 하는 학생은 마치 속기하듯 연사의 말을 한 마디도 빼지 않고 적으려 든다. 그리고 시간적 제약으로 인해 다 받아쓸 수 없다는 점을 깨닫고 나면 혼란에 빠진다. 쓸 수 있는 한 쓰겠다는 태세로 갈겨 쓰다 보면 무슨 내용인지 정리가 되지 않고 급기야 스스로도 알아볼 수 없는 글씨가 난무하기도 한다. 단락별 목적, 제목, 핵심 내용, 의미 연결 관계만 메모한 상태에서 직접 축사를 재연해 보면 노트테이킹에서 꼭 필요한 것이 무엇인지, 왜 모든 것을 적을 필요가 없는지, 어떠한 것을 적어야 하는지를 학생 스스로 깨닫게 될 것이다.

논지 흐름 파악 연습은 텍스트 유형별 특징을 익히는 데도 도움을 준다. 대부분의 축사는 위의 예처럼 인사, 개최 의의, 개최 필요성, 행사 성공 기원 등의 틀을 따른다. 따라서 몇 차례 축사를 접하고 나면 논지 흐름을 파악하는 일이 한결 쉬워진다. 개최사, 폐회사, 조사(弔辭) 등 목적이 뚜렷한 다른 텍스트들도 마찬가지이다.

⌕ 단락별 핵심 내용을 바탕으로 전체 논지 잡기

앞의 논지 흐름 파악하기에서는 목적과 의미가 뚜렷한 텍스트가 대상이었다. 이번에는 논설문, 사설, 오피니언 등 꼼꼼히 읽어 나가면서 텍스트의 목적과 논지를 찾아 나가야 하는 텍스트를 대상으로 하겠다. 이런 텍스트에서는 논지가 온갖 방향으로 흘러 갈 수 있으므로 정신을 집중해 문장, 단어들의 연계 관계를 유심히 살펴야 한다(대개 제목을 통해 기본 목적과 논지가 제공되어 있지만 여기서는 제목 없이 생각해 보자). 각 단락을 살펴 보는 데서 출발하는 것은 앞의 연습과 마찬가지이다. 논지를 구성하는 하위 단위가 바로 단락이기 때문이다. 단락별 핵심 내용을 바탕으로 전체 논지를 잡는 과정은 다음과 같다.

① 단락별로 제목을 붙이고 핵심 내용을 한 문장 정도로 메모한다.
② 각 단락의 핵심 내용을 바탕으로 텍스트 전체의 논지를 말로 설

명하거나 글로 정리한다.

③ 단락의 순서를 바꿔 보고, 그 상태에서도 동일한 논지의 글이나 말이 되도록 만들어 본다.

이 과정에서 초점을 맞춰야 할 점들이 있다.

① 전체적 흐름을 파악하였는가?

② 길고 복잡한 형태의 문장을 제대로 이해하였는가?(내포문이나 복문이 길게 이어질 경우 자칫 의미를 거꾸로 이해할 수도 있다)

③ 전체 논지를 정리할 때 적절한 의미 연결 관계를 만들었는가?

④ 청중이나 독자가 길을 잃지 않도록 핵심 단어를 적절히 반복하거나 강조하였는가?

사례를 통해 다시 살펴 보자. 다음은 한 일간지에 실린 사설이다. 제목을 모르는 상태에서 각 단락의 핵심 내용을 한 줄로 요약한다.

〈단락 1〉 지난 31일 여야 간 세월호특별법 협상이 타결 되었다. 세월호 참사 200일(11월 1일)을 하루 앞둔 시점이다. 유가족이 추천한 인사가 세월호 참사 진상조사위원회 위원장을 맡고, 부위원장 겸 사무처장은 새누리당 추천 위원이 맡는 것으로 여야 간 합의가 이루어졌다. 특별검사 후보군 추천과 관

제목: 세월호 특별법 협상 타결
핵심 내용: 진상조사위원회 인선을 비롯한 여야 간 세월호 특별법 협상이 타결되었다.

련하여서는 새누리당이 사전에 유가족 동의를 받기로 했다.

〈단락 2〉지난 4월 16일 이래 세월호 참사 후 200일이 지나는 동안 나라는 분열의 길을 걸었다. 국회는 정쟁(政爭)으로 바람 잘 날이 없었고, 국정(國政)은 거의 마비 상태에 이르렀다. 참사 직후 대통령이 내세운 '국가 개조(改造)'라는 말은 자취도 없이 사라졌다. 세월호특별법 얘기가 나온 7월 이후로는 이 문제 때문에 유가족들은 거리로 나와 광화문에 텐트를 쳤고 국회의 싸움질은 그칠 줄 몰랐다.

〈단락 3〉이토록 국가 전반이 파행으로 치닫게 된 데에 대한 책임으로부터 정부·여당은 자유로울 수 없다. 가장 일을 많이 해야 할 시기에 박근혜 정부는 세월호 처리 문제에 묶여 반년이라는 시간을 허송세월했다. 야당도 나을 것이 없었다. 여당이 하는 일마다 딴지나 거는 정당이라는 인상을 준 까닭에 역대 최저 지지율의 수모를 감수해야 했다. 그 와중에 유가족 대표와 술자리를 가졌던 한 야당 여성의원이 대리기사 폭행에 연루되면서 '특권 타파를 부르짖은 정당의 위선적 특권 국회의원' 이라는 오명을 쓰게 되었다.

〈단락 4〉이런 사태의 가장 큰 피해자는 세월호 유가족들이었다. 참사 초기엔 유가족들의 비통함에 온 국민이 마음을 함께하며 분노하고 괴로움을 나누었지만, 이제는 국민들 다수에게서 등을 돌리는 분위기가 감지된다. 유가족들이 너무 한다는 것이다. 왜 유가족들이 세월호 선주나 선장을 비난하는 대신 정부와 대통령을 공격하는 데 집중하느냐는 비판도 나온다. 수석부위원장이니 대외협력위원장이니 하는 직함이 유가족의 이름 앞에 붙는 것에 대해 거부감을 표시하는 이들도 있다.

제목: 유가족의 지나친 행동에 민심도 등돌려
핵심 내용: 유가족 또한 지나친 행보로 민심이 등지는 빌미를 제공하였다.

〈단락 5〉 이제 지난 200일 동안 나라 전체를 뒤흔든 비정상적이고 비합리적인 상황을 종식시키고 차분하게 우리 사회를 한걸음 더 성숙시키기 위한 작업에 돌입해야 한다. 그 역할은 세월호 참사 진상조사위원회가 맡을 수밖에 없다. 어째서 세월호 참사와 같은 허망한 사고가 일어난 것인지 그 구조적 원인을 밝혀내야 한다. 길거리에서, 텐트 속에서 목소리를 높이는 것으로는 이런 과제를 감당할 수 없다.

제목: 구조적 원인을 찾아 상황을 정리해야할 때
핵심 내용: 구조적 원인을 찾아 문제를 해결하고 사회적 진전을 이루어야 한다.

〈단락 6〉 전국 각지의 분향소도, 거리의 노란 리본도 정리할 때가 됐다. 당사자가 아니고서야 유가족들의 비통함을 모두 헤아리기 어렵겠지만, 추모 분위기가 연장될수록 사람들은 더 지치게 될 것이다. 민심은 이제 그만 세월호에서 벗어나 정상(正常)으로 되돌아가고 싶다고 말한다. 그 어느 누구보다도 유가족들이 이런 민심을 이해해 주어야 한다. 침몰한 세월호의 선체를 인양하는 문제 역시 합리적 판단이 필요하다. 끝까지 최선을 다해 수색작업을 펼친 후 선체 인양 여부는 유가족뿐만 아니라 국민의 의견도 듣고 결정해야 한다.

제목: 추모분위기 접고 일상으로 돌아가야
핵심 내용: 추모분위기에서 벗어나 정상으로 돌아가고자 하는 민심을 헤아리는 합리적 판단이 필요하다.

일간지 사설을 재구성함

이 글은 '세월호 특별법 협상 타결 → 참사 이후의 국정 파행 → 정부 및 정치권의 실정 → 유가족의 지나친 행보 → 구조적 원인 찾을 필요성 → 추모 끝내고 일상 돌아갈 것'으로 이어지는 구성이다. 각 단락의 제목과 핵심 내용을 바탕으로 이제 문장으로 정리해 보자. 문장들 사이에 어떤 의미 연결 고리를 설정할 것인지 생각해 봐야 한다. 다음은 사설의 논지를 문장으로 정리한 것이다.

〈정리의 예1〉

세월호 사고 진상조사위원회 인선을 비롯한 여야 간 세월호 특별법 협상이 비로소 타결되었다. 돌이켜 보면 세월호 참사 이후 국회와 정부 그리고 대통령 모두 제대로 기능하지 못한 것이 사실이다. 나라꼴이 파행으로 치달았고 이 파행의 책임은 정부 여당에게 있지만 야당도 책임으로부터 자유롭지 못하다. 유가족 또한 지나친 행보로 민심이 등지는 빌미를 제공했다. 이제 이러한 상황을 정리하고 사고의 구조적 원인을 찾아 문제를 해결함으로써 사회적 진전을 이루어야 할 때다. 추모 분위기에서 벗어나 정상으로 돌아가고자 하는 민심을 헤아려 합리적으로 판단해야 할 것이다.

특별법 협상 타결이라는 사실을 알리는 문장, '돌이켜 보면'으로 시작되는 과거 상황 정리 세 문장, '이제'로 시작되는 앞으로의 방향 제시 두 문장으로 구성되었다.

여기서는 본래 텍스트의 단락별 순서를 그대로 따라 가며 논지를 정리하였다. 하지만 얼마든지 새롭게 정리해 볼 수 있다. 논리적으로 나뉠 수 없는 단락 혹은 반드시 결론 부분에 위치해야 하는 단락만 아니라면 순서 변경도 가능하다. 이 예문에서 국정 파행을 말하는 〈단락 2〉와 정부 및 정치권 실정을 말하는 〈단락 3〉은 논리적으로 긴밀히 연결된다. 또 〈단락 5〉나 〈단락 6〉은 결론에 해당하므로 정리에서도 마지막 부분에 두도록 하자. 이를 고려해 문장 순서를 바꾸되 논지 자체는 동일하게 정리해 보자. 재배치를 통해 텍스트가 말하고자 하는 바를 더욱 효과적으로 전달할 수 있을지도 모른다.

예를 들어 단락 1-2-3-4-6-5로 순서를 잡아 보면 〈정리의 예 1〉에서 마지막 두 문장 위치를 바꾸게 된다.

〈정리의 예 2〉
세월호 사고 진상조사위원회 인선을 비롯한 여야 간 세월호 특별법 협상이 비로소 타결되었다. 돌이켜 보면 세월호 참사 이후 국회와 정부 그리고 대통령 모두 제대로 기능하지 못한 것이 사실이다. 나라꼴이 파행으로 치달았고 이 파행의 책임은 정부 여당에게 있지만 야당도 책임으로부터 자유로운 것은 아니다. 유가족 또한 지나친 행보로 민심이 등지는 빌미를 제공했다. 이제 추모 분위기에서 벗어나 정상으로 돌아가고자 하는 민심을 헤아려 합리적으로 판단해야 할 것이다. 이러한 상황을 정리하고 사고의 구조적 원인을 찾아 문제를 해결함으로써 사회적 진전을 이루어야 할 때다.

혹은 단락 2-3-4-6-1-5의 순서로 재배치를 시도할 수도 있다.

〈정리의 예 3〉

돌이켜 보면 세월호 참사 이후 국회와 정부 그리고 대통령 모두 제대로 기능하지 못한 것이 사실이다. 나라꼴이 파행으로 치달았고 이 파행의 책임은 정부 여당에게 있지만 야당도 책임으로부터 자유로운 것은 아니다. 유가족 또한 지나친 행보로 민심이 등지는 빌미를 제공했다. 이제 추모 분위기에서 벗어나 정상으로 돌아가고자 하는 민심을 헤아려 합리적으로 판단해야 할 것이다. 세월호 사고 진상조사위원회 인선을 비롯한 여야 간 세월호 특별법 협상이 비로소 타결되었다. 이러한 상황을 정리하고 사고의 구조적 원인을 찾아 문제를 해결함으로써 사회적 진전을 이루어야 할 때다.

일단 텍스트 논지가 파악되고 나면 얼마든지 다양한 방식으로 정리 가능하다. 단락별 핵심 내용을 파악하고 전체 논지를 잡는 과정에서 여기서는 글로 정리하는 방법을 소개했지만 말하기로 정리하는 것도 좋은 연습이 된다. 단락의 제목과 핵심 내용을 보면서 논지를 여러 순서로 말해 보는 것이다.

🔍 한 텍스트 내의 여러 의견 갈래짓기

연사나 저자가 한 명인 경우 텍스트를 관통하는 논지를 파악하는 것이 논지 따라잡기의 핵심이다. 단락별 제목과 핵심 내용을 메모해 전체 텍스트로 연결하는 것도 바로 이를 위한 방법이다.

그런데 이와 달리 여러 연사 혹은 저자들이 번갈아 발언하는 상황도 있다. 대담이나 토론이 그 예이다. 이 때는 각 화자의 발언 내용을 파악하고 화자별로 주장하는 바가 무엇이며 그 주장들은 서로 어떻게 다른지 차이점을 파악하는 일이 필요하다. 이에 더해 화자들 사이에 옹호나 반박이 나타난다면 그 옹호 혹은 반박의 근거는 무엇인지, 어디에 강조점이 있는지, 어느 부분에서 의견이 일치하고 달라지는지 알아내야 한다. 이것이 한 텍스트 내의 여러 의견 갈래짓기이다.

한 텍스트 내에 여러 의견이 나타나는 상황을 가장 잘 보여 주는 것이 TV나 라디오 토론 프로그램이다. TV나 라디오 토론 프로그램은 영상으로 다시보기나 음성파일 다시듣기가 가능할 뿐만 아니라 대부분의 경우 참여자들의 발언 전문(全文)을 공개하기 때문에 오디오 파일로도, 서면 텍스트로도 사용할 수 있어 특히 유용하다.

연습의 순서는 아래와 같다.

① TV 토론프로그램 웹사이트에 들어가 적절한 토론 주제를 선택한다.

② 토론 전체를 연습자료로 사용하기는 너무 길다. 오디오 파일 혹은 텍스트에서 각 참여자들의 입장이 잘 드러나는 부분을 선택하도록 한다(수업에서 활용할 경우에는 교수자가 오디오 파일이나 텍스트의 특정 부분을 사전에 선택해 두는 것이 좋다).

③ 토론 내용을 듣거나 읽고 각 패널들의 의견을 요약하여 말한다.

④ 각 패널 간 의견의 차이점을 말해 본다.

처음부터 모든 참여자의 의견을 갈래짓기가 힘들다면 일단 한 사람에 초점을 맞춰 그 의견의 논지를 파악하고 전달해 본다. 그리고 다음 사람으로 넘어간다. 보통 TV 토론에는 4~6인이 참여하는데 이렇게 순차적으로 정리해가다 보면 전체 상황이 파악될 것이다. 논지가 파악된 후에는 한 참여자가 다른 사람들의 의견을 어떻게 반박 혹은 옹호할 수 있을지 생각해 본다. 무엇이 핵심 쟁점인지, 또한 쟁점별로 참여자들의 입장이 어떻게 갈리는지 드러나게 될 것이다.

'대체휴일제' 도입을 주제로 한 TV 토론 프로그램의 사례를 보자. 토론에 참여한 패널 네 명의 첫 발언만 제시하면 다음과 같다. 읽으면서 각 패널의 입장이 무엇인지 생각해 보자.

사회자: 올 설 연휴는 지난달 9일부터 11일까지 사흘이었습니다. 그러나 사흘 연휴 가운데 이틀이 주말과 겹치면서 실제 휴일 효과는 하루에 불과했는데요. 이처럼 공휴일이 주말과 겹치면서 줄어드는 휴

일 일수를 대체하는 제도가 이르면 올 상반기 안에 시행될 전망입니다. 대체휴일제는 단순히 휴일 하루가 늘어나는 게 아니라 짧은 휴가가 생기는 개념이기 때문에 관광 등 여가 산업에 적잖은 파급 효과가 생길 것으로 기대되고 있습니다. 따라서 내수활성화와 고용창출 효과를 낼 것이란 긍정적인 시각이 있는 반면에 기업 부담과 성장 잠재력 저하, 또 중소기업과 대기업의 노동시간 양극화 문제 등 보완해야 할 과제들도 많다는 지적입니다. 그래서 오늘 토론에서는 대체휴일제 도입과 관련된 쟁점을 진단해 보고 보완해야 할 점들을 알아보겠습니다. 먼저 네 분 패널께서 대체휴일제 도입에 대해서 어떤 의견을 갖고 계신지 먼저 들어보겠습니다.

패널 A: 저희 경영계 입장에서는 현 시점에서 대체휴일제 도입은 좀 적절치 않다고 생각합니다. 아시다시피 전체 우리나라 보장된 휴일 수가 주말하고 공휴일 16일하고 주말 104일, 그 다음에 연차휴가가 15일에서 25일이 됩니다. 그래서 다 더하게 되면 134일에서 144일정도 되는데요. 물론 주말하고 공휴일이 겹쳐가지고 한 2, 3일 정도씩 덜 쉬게 되는 그런 걸 감안하더라도 다른 선진국에 비해서 굉장히 적은 숫자는 아니다, 그리고 또 특히 작년에 한글날을 올해부터 다시 휴일로 21년 만에 부활하기로 이렇게 했지 않습니까? 그래서 이런 상황에서 득보다는 실이 더 많을 것이다, 근로자 간에 위화감을 조성하고 아까 시민이 지적하신 바와 같이 대기업 정규직 근로자들만 혜택을 보지 않을까 하는 그런 우려 때문에 현재는 도입은 시기상조가 아닌가, 그렇게 보고 있습니다.

패널 B: 저는 본부장님하고 좀 다른 생각이지요. 어쨌든 여전히 우리 국민들은 내 휴일을 도둑맞았다고 생각하고 있거든요. 공휴일 날 주말에 쉬어야 되는데 빨간 날이 겹쳤어요. 그랬을 때 기분이 이제 도둑맞았구나, 라고 한다면 실제 지금 경영계 입장은 130일에서 연차휴가까지 이렇게 휴일을 쓸 수 있다, 이렇게 말씀을 하시는데 실제 지금 노동부에서 이번에 발표한 자료를 보면 연차휴가 평균 사용률이 8일 정도밖에 안 되거든요. 그거는 대기업이나 중소기업이나 큰 차이 없이. 그래서 지금 실제 사용일을 130일에서 한 10일 정도는 빼야 되고요. 그리고 대체휴일제가 도입된다고 하더라도 5일 남짓 전후입니다. 그래서 과연 OECD선진국 중에 가장 근로시간이 많은 나라에서 5일 정도, 만약에 공휴일이 주말에 겹쳤을 때 다음 날 쉬게 하는 이 대체휴일제도를 경제계에서 이렇게까지 반대해야 되는지는 조금 의문입니다.

패널 C: 사실 휴일이 늘어나는 거를 이제 반기는 분들이 많이 있을 수밖에 없어요. 개인적으로 쉬는 날이 많다면 아무래도 개인적으로 상당히 도움이 되겠지요. 그런데 우리 사회적으로 봤을 때 그냥 이렇게 휴일만 늘린다고 해서 이게 좋은 일인가, 왜냐하면 사회 전반적인 거를 다 고려하고 또 어떻게 보면 휴일의 불확실성이라든가 이런 것들을 이제 정리하는 걸 조금 제도적으로 합리적으로 우리가 바꾸는 것은 바람직한 일이지만 무조건 이렇게 휴일을 늘리는 방향으로 정치인들이 선심을 쓴다든가 국민들이, 일부 국민들 중에서는 합리적으로 생각하시는 분들도 물론 많으시겠지만 그런 걸 다 따져보시겠지만 무조건 이렇게 인심 쓰듯이 휴일을 늘리는 방안으로만 제도를 바꾸겠다고 하는 것은 저는 그렇게 올바른 정치라고 보지 않습니다.

패널 D: 제 입장을 말씀드리기 전에 여기에 계신 분들에게 문제를 하나 내보겠습니다. 우리나라에서 평창 동계올림픽이 열리는 2018년에 우리나라 공휴일 수가 며칠인지 아십니까? 저도 모릅니다. 왜냐하면 달력을 보면서 세어 봐야 알 수 있거든요. 우리나라 공휴일은 날짜 지정방식이기 때문에 매년 공휴일 수가 줄었다가 늘어났다가 굉장히 불명확한 상태에 있습니다. 반면 외국 같은 경우는 대체휴일제하고 요일지정제 공휴일 제도를 동시에 사용하고 있기 때문에 매년 일정하게 똑같습니다. 매년 공휴일 수가 똑같은 거지요. 편차가 발생하는 국가는 우리나라밖에 없습니다. 대체휴일제가 논의될 때 항상 반론을 제기하시는 분들은 휴일이 늘어난다고 계속 주장을 하시는데요. 사실은 늘어나는 게 아니고 관공서 공휴일 규정에 따라서 정해져 있는 15일의 공휴일이 매년 일정하게 유지가 되는 겁니다. 그래서 늘어나는 게 아니고 원래 있던 공휴일을 그대로 쉬는, 제대로 찾는 겁니다.

[출처] KBS 〈열린토론〉 2013년 3월 30일자 방송
'대체 휴일제 · 방학 분산제 도입 검토, 영향과 과제는?'에서 발췌함

패널 A, B, C, D의 입장은 각기 다르다. 우선 패널 A와 패널 B는 대체휴일제 도입 반대와 찬성으로 의견이 갈린다. 패널 A는 대체휴일제 도입을 반대하는 입장이다. 주말과 공휴일, 연차휴가까지 감안할 때 우리나라 근로자의 휴일 수가 여느 선진국에 비해 현격히 적지 않다는 점, 정규직 근로자의 휴일만 늘어나 위화감을 조성하게 된다는 점을 근거로 든다. 반면 패널 B는 대체휴일제 도입을 찬성하며 연차휴가 사용률이 낮다는 점을 들어 우리나라 휴일 수가 적지 않다는 패널 A의 의견을 반박한다.

패널 C는 대체휴일제 도입에 대한 찬반 의견을 아직 분명히 드러내지 않고 있다. 다만 휴일을 늘리는 방향으로 제도를 바꾸려는 정치권의 시도가 선심성이라는 점을 지적하며 우려를 표명한다.

마지막 패널 D는 대체휴일제 도입에 찬성한다. 공휴일 수가 매년 달라지는 불확실한 상황이 문제라고 보기 때문이다. 또한 대체휴일제를 도입해도 휴일 수가 늘어나지 않는다고 설명하여 패널 A의 의견을 반박하고 있다.

이후 발언이 이어지면서 각 패널의 입장은 다시 조정, 보완될 것이다. 첫 발언만 나온 상황에서는 대체휴일제 도입에 반대하는 패널 A, 찬성하는 B와 D가 대립한다. B와 D는 모두 A의 주장을 반박하는데 반박 내용은 서로 다르다. 즉 B는 전체 휴일 수가 A의 생각만큼 많지 않다는 점을, 그리고 D는 대체휴일제로 휴일이 늘어나지는 않는다는 점을 부각시킨다. 패널 C의 찬반 의견은 아직 분명하지 않다. 대체휴일제로 휴일을 늘리는 것이 선심성 정책이라는 발언으로 볼 때 C는 제도 변경으로 휴일이 늘어난다고 생각하고 있다. 이 부분에서 이후 D와 논란을 벌이게 될 가능성이 있다.

이와 같이 첫 발언을 통한 각 패널의 입장을 정리한 후 토론을 지켜 본다면 전체 논지를 따라잡기가 한층 수월할 것이다.

연습을 할 때에는 위와 같이 각 패널의 의견이 무엇인지 먼저 이야기하고 서로 어느 부분에서 의견이 일치하거나 상반되는지 말하는 순서로 진행한다. 한 단계 뛰어 넘어 연습을 진행하려면 각 패널의 의견을 이야기하는 단계는 생략하고, 곧장 패널 간 의견의 차이점은 무엇인지 말해 보는 것도 좋다.

𝒫 내용 바로잡기와 추측하기

모든 텍스트가 완벽한 논지 흐름을 보이지는 않는다. 아니, 현실에서는 논지 파악이 어려운 텍스트가 훨씬 더 많다. 논리적으로 허술하거나 논리 흐름이 제대로 표현되지 않은 텍스트와 맞닥뜨리게 되는 경우가 비일비재하다. 이런 경우, 논리적 공백을 메우기 위한 내용 바로잡기와 추측하기가 필요하다. 텍스트에서 생략되어 버린 부분이 무엇인지 알고 채워 주는 것, 연사나 저자가 자기 의도와 달리 논리적 흐름에 어긋나는 표현을 하는 바람에 유발된 오해 가능성을 처리하는 것이 핵심이다.

구체적인 사례를 통해 살펴 보자.

• 연결어미가 부적절한 경우

다음은 라디오 인터뷰 내용 중 일부이다.

> 사회자: 국정감사, 이번엔 야당의 이야기 들어보겠습니다. 농림축산식품해양수산위원회의 야당 간사가 전화 연결돼 있습니다. 안녕하십니까?
>
> 출연자: 예, 안녕하세요.
>
> 사회자: 농림축산식품해양수산위원회 국정감사, 특별한 파행 없이 잘 가고 있는 모양이죠?
>
> 출연자: <u>파행은 없지만 진지하게 열심히 진행하고 있습니다.</u>
>
> [출처] KBS 1 라디오 〈안녕하십니까, 홍지명입니다〉, 2014년 10월 16일 '해양 경찰 해체와 해양사고 안전 대책 등 농해수위 국감 이슈에 대한 야당의 입장은?'
>
> 인터뷰 중에서

밑줄 친 부분을 보면 '파행은 없지만 열심히 진행해가고 있다'라는 대답이 있다. '파행은 없다'와 '진지하게 열심히 진행하고 있다'가 역접 관계로 연결되었지만 출연자가 실제로 말하고 싶은 바는 '파행 없이 잘 진행되고 있다'이다. 출연자가 자기 의도와 다르게 발언하고 있는 것이다. 이 경우 텍스트 논지는 역접이 아닌 순접으로 파악되어야 한다.

• 설명이 두서없는 경우

연사가 서둘러 말하느라 두서가 없어지는 경우도 있다. 역시 라디오 인터뷰 사례이다.

> 출연자: 네, 그렇게 알려져 있습니다. 그런데 사실은 여기서 해운조합에서 저희들한테 제출한 자료를 보니까, 인천해경에서 해운조합에 8시 55분에 세월호 위치가 어디냐고 문의를 받았다는 거예요. 8시 55분에. 그렇다면 당초 해경이 최초 인지가 8시 58분인데, 알려진 바에 의하면, 최초로 해경에서 해운조합에 물어본 것이 8시 55분이었단 말이죠? 그러면 알려진 것보다 3분 먼저 해경에서 알고 있었던 것 아니냐, 이런 추론이 가능하죠.
> 사회자: 네, 여기에 대해서는 뭐라고 그럽니까?
> 출연자: ① 지금 현재 보고서를 작성한 사람이 구속이 돼 있기 때문에, 해운조합에 그 보고서 인천해경에서 8시 55분에 물어봤다는 사람이 지금 구속이 돼 있어서 아직 정확하게 확인이 안 된다고 그러는데, 이 해운조합이라는 것은 사고라든지 보험을 취급하는 기능까지도 하고 있잖아요? 그러면 그 시간 같은 경우가 3분 차이라는 것

도 미묘한 변화나 차이를 가져올 수 있는 것이기 때문에 그렇게 해운조합에서 허술하게 다룰 일은 없는 문제 같은데 일반적으로 봤을 때, ② 그래서 이런 시간을 해경이 최초로 인지한 시점을 정확하지 않은 것도 중요하고 정부의 부실함이 더 커지는 거죠. 만약에 3분 더 먼저 알았더라면 대응과정에서의 시간적인 상황이.

[출처] 상동

출연자의 마지막 발언은 몹시 혼란스럽다. 우선 밑줄 친 부분 ①을 보면 '보고서를 작성한' 그리고 '현재 구속되어 있는' 그 사람이 해운조합 소속인지, 인천해경인지 분명하지 않다. 자세히 읽어 보면 '인천해경에서 8시 55분에 문의해 왔다는 내용의 보고서를 작성한 해운조합 사람이 현재 구속되어 있다'는 의미임을 알 수 있다.

밑줄 친 ② 역시 논리적 보완이 필요하다. 문장이 불완전하고 두 문장 사이의 연결 관계도 불분명하다. 실제로 출연자가 말하고자 하는 내용은 다음과 같이 바로잡을 수 있다. '해경이 최초로 인지한 시점을 정확히 알지 못하는 것도 중요한 사안일 뿐 아니라, 만일 해경이 3분 먼저 사고 사실을 인지했다고 한다면 대응 가능했던 시간이 늘어나게 되는 셈이어서 정부의 부실함이 더 크게 드러난다.'

연결어미가 부적절하거나 설명이 두서 없는 경우 외에 텍스트의 논리적 공백은 여러 가지 이유로 나타날 수 있다. 그리고 통역이나 번역을 위해서는 이를 제대로 이해하고 바로잡아 주어야 한다.

때로는 텍스트가 아니라 듣는 사람이 문제 되어 논리적 공백이 나타나기도 한다. 통역을 위해 중요 내용을 메모하면서 듣는 상황을 상상해 보자. 잠시 주의가 산만해진 까닭에 일부 내용을 듣지 못할 수 있다. 듣기는 했지만 핵심 단어를 미처 받아 쓰지 못할 수도 있다. 혹은 주요 내용을 메모는 했는데 나중에 보니 별 쓸모가 없을 수도 있다. 급하게 휘갈겨 쓴 탓에 글씨를 알아보지 못하는 경우, 텍스트의 전체 흐름을 잡지 못한 탓에 메모한 내용들을 제대로 연결할 수 없는 경우가 여기 해당한다. 이런 일이 발생하지 않게 하려면 제대로 듣고 제대로 메모하는 훈련을 꾸준히 해야 한다.

라디오 시사프로그램의 전화 인터뷰에서 원고 없이 즉석으로 나오는 발화가 좋은 훈련 자료가 된다. 다시듣기 오디오 파일을 활용해 듣고 메모해 말하기, 메모 없이 듣고 말하기 연습을 할 수 있다. 프로그램 홈페이지에 올라와 있는 인터뷰 전문을 활용해 읽고 말하기, 읽고 간략하게 압축해 쓰기 연습을 해보라.

즉석에서 하는 이야기이므로 내용이 두서 없는 경우가 많다. 따라서 논리적으로 일목요연하게 바로잡거나 생략된 내용을 추측하는 연습에 사용하기 좋다.

🔍 논리적 공백 메우기 연습

텍스트에서 일부 단어나 문장을 지운 다음 논리에 따라 추측해 보는 연습이다. 텍스트의 논리적 흐름을 잡아내어야 지워진 부분을 채울 수 있다. 연습 방법은 다음과 같다.

① 신문, 잡지 등에서 주장이 뚜렷한 글을 하나 고른다.
② 논리적으로 유추가 가능한 부분들을 골라 지워 빈칸을 만든다. 논리적 연결고리가 되는 접속사나 문장 종결 부분은 지우지 않도록 주의한다. 그 부분이 추측의 단서가 되기 때문이다.
③ 친구끼리 연습할 때는 문제지를 서로 교환하여, 수업 상황이라면 교수자가 문제지를 배포하여 빈 칸 채우기를 해 본다.
④ 빈 칸을 왜 그렇게 채웠는지 설명하거나 발표한다.

예를 들어 아래 주어진 글의 빈 칸에 어떤 문장이 들어가면 좋을지 생각해 보라. 앞뒤에 남겨진 부분들, 접속사나 문장 종결어미 등을 단서로 삼아 짧은 시간 내에 내용을 추측해내야 한다.

'순한' 담배, 폐암과의 상관 관계는?

흡연 피해 감소 효과 미미해... 폐암 예방의 유일한 수단은 금연

새해가 되면 많은 흡연자가 금연을 결심하고 이를 위해 갖은 애를 쓴다. 뜻대로 되지 않으면 궁여지책으로 흡연량을 줄이거나 해가 적을 것으로 생각되는 담배를 선택하는 것으로 타협한다. 그렇다면 과연 이 같은 노력은 기대한 결과를 가져다 줄 수 있을까?

미국의 한 암연구소는 하루에 담배 24개비를 피워온 흡연자 150명을 대상으로 26주 동안 순차적으로 하루 흡연량을 줄이면서, 체내 폐암 유발 물질의 대사량을 측정하는 연구를 진행했다. 그런데 결과는 ① _____. 흡연량이 감소하며 체내 유해 물질의 양은 줄어들었지만, 줄어든 흡연량에 비해 유해 물질 감소량은 훨씬 적었다. 어떤 실험대상자는 흡연량이 줄었음에도 불구하고, 시간이 지나며 유해 화학물질 양이 다시 증가하기도 했다. ② _____암시하는 결과였다.

흡연량 줄였어도 피해는 여전해

예상보다 유해 화학물질 감소량이 적었던 이유 중 하나는 흡연자들이 줄어든 흡연량을 벌충하고자 담배를 깊이 빨아 마셨기 때문이다. 어떤 이는 흡연의 피해를 줄여보기 위해 소위 '라이트' 혹은 '울트라 라이트' 담배를 찾기도 한다. 그러나 ③_____ 드러났다.

미국 MIT 대학과 미국암협회가 30세 이상 흡연자 100만 명을 대상으로 한 6년 간의 추적 연구에 따르면, ④ _____.

저타르 담배를 피우는 사람들이 담배를 더 깊이 빨고 더 많이 피우는 경향이 있다는 점도 드러났다. 연구진은 라이트나 울트라 라이트라는 문구만으로 안심하지 말라고 흡연자들에게 당부했다.

라이트나 울트라 라이트 담배의 유해 물질 함유량은 인간을 대상으로 한 것이 아니라 기계 장치를 통해 산출된다. 따라서 사람이 담배를 피울 때 들이마시는 타르의 양과 기계가 측정한 양 사이에는 큰 차이가 있다고 연구진은 설명한다. 라이트 담배가 건강에 덜 해롭다는 잘못된 인식을 소비자에게 심어줄 가능성이 있다는 것이다.

연구에 따르면, 55세가 넘은 사람이라도 금연으로 폐암 발병률을 훨씬 낮출 수 있고 또 35세 이전에 금연하면 폐암으로 인한 사망률을 비흡연자 수준까지 감소시킬 수 있다고 한다. 정말로 자신의 건강을 돌보고자 한다면 ⑤ _____.

시사주간지 기사를 바탕으로 재구성

본래 텍스트에서 잘라낸 것이 어떤 문장과 표현이었는지 아래쪽에 제시해 두었다.* 자신이 만든 답과 비교해 보라. 두 가지가 완벽하게 일치하지 않는다고 걱정할 필요는 없다. 완벽하게 일치하지 않는 것이 오히려 당연하다. 다만 본래 텍스트의 문장과 표현이 담고 있는 의미와 동일하다면 그것이 바로 정답이다.

의미를 결정하기 위한 단서는 빈 칸 앞뒤에 존재한다. 예를 들어 빈 칸 ①의 경우 '그런데 결과는'이라고 시작되는 문장이다. 화제를 전환시키는 '그런데'로 시작된다는 것은 뒤따라 나올 내용이 앞 내용과는 달라진다는 점을 알려 준다. 또한 '결과는'이라는 주어를 보면 앞 문장에 등장했던 폐암 유발 물질의 대사량 측정 결과가 소개되리라는 점이 짐작된다.

빈 칸 채우기 연습은 논리적 사고를 기르는 데 매우 유익하다. 빈 칸을 채워야 한다고 생각하면서 텍스트를 읽을 때는 빈 칸 없는 텍스트를 읽을 때와 달리 집중력을 발휘하며 텍스트의 논리적 흐름에 주목하게 마련이다. 텍스트의 논리 흐름, 즉 논지를 잡기 위한 좋은 연습인 셈이다. 이런 연습을 하고 나면 들을 때도 보다 적극적으로 '논리'에 근거하여 들으려 애쓰게 된다. 그 결과, 들으면서 일부 내용을 놓쳤다 해도 전체 논지를 문제 없이 전달할 수 있는 능력이 키워진다. 일부 정보가 유실되는 경우는 생길지 몰라도 완전히 어긋나게 전달하는 실수는 현저히 감소한다.

---

* ① 예상치를 훨씬 밑돌았다
  ② 흡연량 감소가 흡연이 유발하는 질병을 막는 효과적인 수단이 아님을
  ③ 이 역시 폐암 예방에는 별무소용인 것으로
  ④ 폐암 발생율은 저타르 담배와 일반담배와 같은 담배 종류와는 무관했다
  ⑤ 라이트 담배와 같은 편법 대신 금연하는 것만이 최선이다

요약하기

통번역사를 위한 한국어 훈련에서 가장 중점을 두는 것이 요약이다. 요약은 연사나 저자의 의도를 간결하게 전달하는 것이다. 메모하지 않은 채 텍스트를 처음부터 끝까지 읽거나 듣고 분석적으로 이해한 후 말이나 글로 요약하게 된다. 다시 말해 텍스트 읽고 말로 요약하기, 텍스트 낭독을 듣고 말로 요약하기, 텍스트 읽고 글로 요약하기, 텍스트 낭독을 듣고 글로 요약하기의 네 가지 훈련을 통해 텍스트 유형이나 전달 방식에 상관 없이 어떠한 경우라도 원문의 핵심 내용을 파악하여 전달할 수 있게 하는 훈련이다.

누군가의 말을 단 한 마디도 놓치지 않고 고스란히 전달하기란 극히 어렵다. 또한 설사 연사 입에서 나온 모든 단어가 빠짐 없이 들어갔다 해도 그것만으로 연사의 의도가 온전히 그리고 제대로 전달되었다고는 보기 힘들다. 표현과 문장의 나열이 '핵심 내용'의 전달을 보장하지 않기 때문이다. 요약은 바로 그 핵심 내용 전달을 연습하는 방법이다.

현장의 많은 통역은 이미 요약 활동을 포함하고 있다. 시간 제약이 가장 큰 동시통역의 경우 특히 요약의 중요성이 극대화된다.

🔍 분석적 읽기와 듣기를 통해 의도를 파악하고 간결하게 전달하기

분석적 읽기와 듣기는 요약의 기본이다. 분석적 읽기와 듣기 과정에서 이루어지는 일은 다음과 같다.

① 예시 문장과 핵심 문장 구분하기
② 복잡하게 흘러가는 논리 흐름 따라잡기
③ 행간의 숨은 뜻 찾기

텍스트를 구성하는 문장들은 정보의 양과 가치에서 각기 다르다. 더 중요한 문장과 상대적으로 덜 중요한 문장이 섞여 있다. 그 결과물인 텍스트를 읽거나 듣는 사람은 무엇이 핵심 문장인지 찾아내야 한다. 문장 단위를 넘어서 논지가 흘러가는 양상 또한 분석 대상이다. 강하게 주장하고 예시를 통해 뒷받침하고 있는지, 얼핏 보기에는 연결되지 않을 것 같은 상황들을 나열하다가 막판에 모든 내용을 결합하는지, 먼저 나오는 반론이 실은 옹호하기 위한 사전 포석인지 알아 보아야 한다. 하고자 하는 말을 직접적으로 던지지 않고 두루뭉술하게 숨겨 놓는 경우라면 텍스트 안의 단서들을 조합해 그 핵심을 잡아내야 한다.

연습 자료는 A4 용지 반 쪽 정도 길이의 일간지 사설이 적절하다. 그 사설을 낭독하는 소리를 듣거나 글로 받아 주의 깊게 읽은 후 요약 내용을 말로 하거나 글로 쓴다. 낭독을 듣고 요약하는 경우 사설의 주제가 아주 낯설거나 고유명사와 수치 등이 다수 등장하는 경우가 아닌 한 원칙적으로 메모하지 않고 듣기에 집중하는 것이 좋다.

말이나 글로 요약한 결과물은 다음과 같은 기준에 따라 피드백할 수 있다.

① 글의 핵심 내용이 제대로 전달되었나?

② 예시 문장과 핵심 문장이 구분되었나?

③ 글쓴이의 의도가 왜곡되어 전달된 곳은 없나? 있다면 그런 왜곡의 이유는 이해 부족인가, 한국어 구사의 문제인가?

④ 구체적인 정보가 잘못된 곳은 없는가? 있다면 어째서 그런 문제가 발생했나?

⑤ 요약 결과물의 어휘, 문법, 발음 등은 적절한가?

이제 아래에 주어진 원문과 이를 요약한 예를 함께 보면서 요약에서 강조되어야 할 점과 유의해야 할 점에 대해 구체적으로 살펴 보자.

스마트폰 시장은 이미 잘 알려진 대로 피를 흘려야 하는 경쟁시장(소위 레드오션)이다. 따라서 경쟁자가 속출하는 것이 당연하다. 문제는 새로운 업체의 성장과 시장 나눠먹기 압력이 유독 삼성전자에 집중되는 모습이라는 데 있다. 이를 두고 삼성전자가 갖고 있는 성장방식의 특성에 대한 지적이 국내외적으로 제기되고 있다. 그 내용은 2009년 이후 7~8조 원 수준으로 급증한 삼성전자의 분기별 영업이익이 지속 불가능하다는 것이다. 스마트폰 시장이라는 것이 삼성전자 스스로 연 시장이 아니라는 것이 중요한 근거이다. 이미 누군가 만들어 놓은 시장에 재빨리 들어가 상품을 개량하고 대량생산으로 효율성을 높여 가격 경쟁력을 갖추는 것이 삼성전자의 성장방식이라는 점에 주목하는 것이다. 후발업체가 애플을 따라 하기는 어렵지만 삼성전자를 따라 하기는 쉽다. 이 때문에 후발업체의 등장으로 인한 경쟁압력이 애플이 아닌 삼성전자에 집중된다는 것이다.

삼성전자가 시장점유율을 유지하기 위해 쓸 수 있는 방법은 비용절감과 가격인하가 될 수밖에 없는데, 이래서야 스마트폰 시장에서 수익성 악화를 막을 방법을 찾을 수 없다. 물론 이러한 진단이 삼성전자의 수익성이 2009년 이전의 상태로 돌아가야 한다는 것을 의미하는 것은 아니며, 또 향후 새로운 시장을 찾는 등 다른 대응책을 찾아

갈 가능성도 얼마든지 있지만, 그 방식이 애플이나 구글과 같이 새로운 상품을 만들고 새로운 시장을 스스로 창출하는 방식은 아닐 것이라는 주장이 상당한 설득력을 갖는다. 실제로 삼성전자의 성장을 끌고 온 TV, 반도체, 디스플레이 등 어디에서도 삼성전자가 스스로 만들어낸 경우는 찾을 수 없다.

[출처] 2014년 8월 29일 자 〈프레시안〉 '삼성의 비상경영이 안타까운 이유'

(유철규 성공회대학교 교수)에서 발췌함

이 글의 핵심 내용은 무엇일까? 밑줄 친 부분이 핵심이 되므로 이를 중심으로 다음과 같이 정리할 수 있다. '경쟁이 치열한 스마트폰 시장에서 후발업체 등장으로 인한 압력이 유독 삼성전자에 집중되는 것은 기존시장에 진입하여 경쟁력을 키우는 삼성전자의 성장방식에 기인하며 비용절감, 가격인하가 시장점유율 유지를 위한 유일한 방책이기는 하지만 이것으로는 부족하다.'

다음으로 학생들의 요약문을 보자. 텍스트 낭독을 한 번 듣고 쓴 요약문들이다.

〈요약 1〉

현재 스마트폰 시장은 경쟁이 치열한 ① 레드오션인데, 이 와중에 삼성전자의 성장방식에 문제가 제기되고 있다. 삼성전자는 스마트폰 시장을 개척한 것이 아니고 개량, 대량생산 방법을 통해 성장해왔기에 후발주자들의 부상이 구글이나 아이폰이 아닌 삼성에 압박을 줄 수밖에 없다. TV, 반도체 등의 산업 또한 삼성전자가 개척한 산업이 아니기에 7~8조 대의 ② 영업이익을 지속하기 위해선 비용절감을 단행해야 한다.

〈요약 1〉은 원문의 핵심 내용, 즉 삼성전자의 성장방식이 지닌 문제를 잘 짚어냈다. 아쉬운 점을 꼽아 보면 우선 밑줄 친 ① 부분에서 '레드오션인데, 이 와중에'의 연결 구조가 어떤 논리를 나타내는 것인지 불분명하다. 또한 밑줄 친 ② 부분의 '영업이익을 지속하기 위해 비용절감을 단행해야 한다'는 원문과 다른 내용이다. 원문에서는 비용절감이 결국 수익성 악화를 가져올 것이라며 부정적으로 바라보기 때문이다.

〈요약 2〉

어느 분야에서보다도 경쟁이 치열한 스마트폰 업계에서 요즘 삼성의 성장방식의 지속성이 회자되고 있다. 2009년에 업계에 본격 진출한 삼성은 애플이나 구글, 소위 말하는 스마트폰 업계의 선두회사를 따라가는 후발주자이다. 타 경쟁업체들이 선두회사를 따라가는 건 상대적으로 수월한 상황에서 원가절감과 가격인하에만 중점을 두는 전략에 대해 고심을 해 볼 때이다.

〈요약 2〉는 삼성전자의 성장방식을 언급하기는 했지만 구체적인 방식이 무엇이며 어째서 지속적일 수 없는지 알려주지 않는다. 삼성이 스마트폰 업계에 본격 진출한 것이 2009년인지, 구글이 스마트폰 업계 선두주자인지 등 다시 생각해 보아야 할 부분들도 있다.

〈요약 3〉

피 튀기는 스마트폰 경쟁시장 중심에는 삼성전자가 있다. 하지만 그들의 성장방식을 비난하는 이들이 많은데 이는 삼성전자가 애플 또는 구글과 달리 차별화되는 제품을 창출해내는 것이 아닌 다른 사람이 개발한 것을 파악하고 대량 생산을 통해 수익을 높여갔다는 이유 때문이다.

이러한 이유로 애플은 못 따라가지만 삼성전자는 따라갈 수 있는 업체가 되었으며 삼성전자는 지속적인 성장을 위해 다른 방향성을 찾아야 한다.

〈요약 3〉에는 내용면에서 원문과 상이한 부분이 많이 눈에 띈다. 예를 들어 '삼성전자의 성장방식을 비난'한다는 내용은 본문에 없다. 표현 면에서도 '제품을 창출하다', '개발한 것을 파악하다', '방향성을 찾는다' 등 표준화되지 않은 사례들이 나왔다. '피 튀기는 경쟁'은 매우 실감 나는 표현이지만 정보를 압축적으로 전달하는 요약에서는 일반화된 표현이 보다 적절하다. '격렬한' 혹은 '치열한' 정도로 일반화가 가능할 것이다.

요약에 단 하나의 정답은 없다. 따라서 여기서도 최고로 잘 된 요약을 제시할 필요는 없을 것이다. 다만 앞서 원문에서 핵심에 밑줄을 쳤듯 요약을 할 때는 메시지의 핵심, 곧 논지를 이루는 부분이 무엇인지 파악하고 그 내용을 반드시 포함시켜야 한다.

여기까지 읽고 나면 '앞서 3단계에서 다뤘던 논지 따라잡기와 요약은 어떻게 다르지?'라는 의문이 들지도 모르겠다. 간단히 설명하자면 텍스트를 바라보는 시야가 다르다. 논지 따라잡기에서는 중점적으로 다루는 단위가 단락이지만 요약에서는 텍스트 전체로 확대된다. 요약을 하려면 단락별로 나누어 메시지를 파악하는 대신 '전체적으로 일관되게 말하고자 하는 바가 무엇인지?' '그래서 어떻다는 말인지?'와 같은 질문을 끊임없이 던져야 한다.

예를 들어 요약을 위해 위의 원문 낭독을 듣거나 읽을 때 다음과 같이 생각과 질문을 이어갈 수 있다.

① '레드오션이라 경쟁자가 속출하는 것은 당연하다고? 그렇지, 맞는 말이지.'

② '문제는 압력이 유독 삼성전자에 집중된다는 것이라는군. 어째서 그럴까?'

③ '그것은 삼성전자 성장방식의 특성 때문이라고? 대체 어떤 특성

이길래?'

④ '삼성전자는 스스로 시장을 열지 않고 나중에 들어가 성장하는
방식이었고 그래서 후발업체 등장의 경쟁 압력이 집중되는 것이
군. 그럼 어떻게 해야 하는 걸까?'

⑤ '비용절감과 가격인하가 유일한 방법일 텐데 그것만으로는 불충
분하다고? 다른 방법은 전혀 없다는 거야?'

이런 식으로 꼬리에 꼬리를 무는 질문들이 이어지면 전체 내용의
핵심을 파악하고 기억하는 일이 한층 쉬워진다.

또 한 가지 연습방식과 관련하여, 텍스트 낭독을 듣거나 읽고 요
약할 때는 어느 정도 분량으로 요약할지 먼저 정해야 한다. 동일한
텍스트라 해도 열 문장, 세 문장, 한 문장으로 요약할 때 포함할 수
있는 내용이 달라지기 때문이다. 한 문장 요약에서는 글쓴이의 의
도를 가장 간결하게, 군더더기 없이 표현한다. 세 문장 요약에서는
서론-본론-결론을 각 한 문장씩 구성하는 것이 보통이다. 열 문장
요약은 꼭 필요하다고 판단되는 예시까지 포함할 수 있다.

다음 예를 보자. 다소 긴 본문을 한글 파일을 기준으로 하여 열 줄,
세 줄, 한 줄로 요약한 것이다.

전북 군산시와 충남 서천군이 지난 2003년 10월 이후 끊겼던 행정협
의회를 재개했다. 군산시 관계자는 지난 20일 오전 군산시청에서 화

해와 협력, 상생, 공동 발전을 위한 2015년도 제1차 행정실무협의회를 열고 공동협력 방안에 대해 심도 있는 다양한 의견을 자유롭게 나눴다고 전했다.

군산시와 서천군은 금강을 경계로 행정구역만 다를 뿐 지역 풍토와 언어가 유사하다. 군산 사람이 서울에 가면 고향이 충청도냐고 묻는 사람을 종종 만날 정도다. 두 지역은 내용이 비슷한 전설도 내려오고, 이름이 같은 사찰도 있었다.

또 두 지역이 하나의 행정구역이었던 시절도 있었다. 하지만 고려와 조선 시대에 전국 8도 체제가 갖춰지면서 군산은 전라도로, 서천군은 충청도로 나뉘어 오늘에 이른다. 그럼에도 군산과 서천 주민들은 수백 년을 이웃사촌처럼 지내왔다. 1980년대까지만 해도 서천에서 군산으로 통학하거나 하숙을 하는 학생이 수백에 이르고, 군산의 동아리에 가입하거나 취미활동을 하는 서천군 주민이 많았다.

이렇게 이웃처럼 지내던 군산시와 서천군은 1971년 대통령 선거를 앞두고 당시 정부가 지역감정을 부추기면서 갈등 관계로 바뀐다. 그 갈등은 1990년대 지방자치 부활 이후 골이 더욱 깊어진다. 두 지역은 방폐장 유치 등 각종 현안을 놓고 사사건건 마찰을 빚어왔다.

그 와중에 충남과 전북을 연결하는 금강휴게소에 세워진 조형물이 논란이다. '용호상박'이란 사자성어가 있다. 용과 호랑이가 서로 싸운다는 뜻으로, 힘센 두 사람이 승패를 겨루는 것을 의미한다. 이는 단순히 사람에서 그치지 않고 단체나 마을, 국가도 해당될 것이다. 그렇다면 이웃사촌처럼 지내는 두 도시 입구에 용호상박을 상징하는 조형물을 세워놓고 기원하면 결과가 어떻게 나타날까. 그런 일이 실제 일어나고 있다. 군산시 입구에는 하굿둑 완공을 기념하여 화강암으로 된 거대한 용(龍)조각상을 세워놓았고, 서천군 입구에는 백호(白虎)가 포효하며 용과 마주보고 있다. 1990년 금강하굿둑이 완공됐으니 두 지역이 25년째 '용호상박' 관계를 기원하는 꼴이 되고 있다.

용 조각상이 있는 금강휴게소는 주말이면 가족동반 나들이객으로 붐빈다. 그 중에는 좋은 의미로 해석하는 이도 있으나 용호상박을 상징하는 용과 호랑이 석조물을 하루빨리 교체해야 한다는 의견이 대다수다. 그러니 이제 이 조형물을 향기로운 사귐을 뜻하는 '지란지교'나 자신을 알아주고 이해해주는 친한 친구를 말할 때 사용하는 '관포지교' 뜻이 담긴 조형물로 교체하면 어떨까 싶다. 물과 물고기 사이처럼 아주 친밀한 사이를 뜻하는 '수어지교'도 있다.

세계 4대 문명 발상지는 모두 비옥한 평야를 낀 큰 강이었다. 강은 그 지역 사람들에게 생각할 기회를 주고, 도를 깨우친 사람 또한 많다고 한다. 금강을 경계로 마주 보고 있는 군산시와 서천군도 앞으로 계속 열릴 실무협의회를 소통의 장, 깨달음의 장으로 만들어갔으면 하는 바람이다.

일간지 기사문을 재구성함

〈열 줄 요약〉

금강을 경계로 마주 보고 있는 전북 군산시와 충남 서천군은 2013년 이후 중단되었던 행정협의회를 재개하면서 다시 화해와 협력, 상생과 공동발전을 꾀하고 있으나 해결해야 할 문제가 많다. 지리적으로나 문화적으로 공유하는 점이 많아 수백 년간 가까운 이웃 사촌으로 지내던 두 지역 주민들의 관계가 틀어진 것은 70년대. 대선을 앞둔 정부가 지역감정을 부추기면서부터이다. 90년대 부활한 지방자치제도로 두 지역 간 갈등의 골은 더욱 깊어갔다. 이러한 갈등관계를 더욱 부각시킨 것이 바로 금강 하구에 위치한 조형물들이다. 군산에 세워진 용 조각상은 서천의 백호 조각상과 바로 마주 보고 서 있어 마치 '용호상박'의 갈등관계를 상징하는 듯하다. 다시 과거의 다정한 이웃 관계로의 회복을 꾀하는 시점인 만큼 지란지교, 관포지교, 또는 수어지교와 같은 따뜻한 관계를 뜻하는 조형물로 대체되면 좋을 것이다. 이를 시작으로 곧 있을 실무협의회에서 양측 모두 소통과 깨달음의 기회를 얻었으면 한다.

〈세 줄 요약〉

지난 몇십 년간 여러 정치적 이유로 갈등을 빚어온 전북 군산시와 충남 서천군은 사실 수백 년간 지리적으로나 문화적으로 공유하는 점이 많은 친밀한 관계였다. 이들 두 지역이 중단되었던 행정협의회를 개최하는 등 새로운 화해와 협력, 상생과 공동발전을 꾀하고 있는 지금, '용호상박'의 갈등관계를 상징하는 두 지역의 조형물부터 교체하는 것이 좋겠다.

〈한 줄 요약〉
지난 수백 년간 가깝게 지내오던 전북 군산시와 충남 서천군이 최근의 불화를 극복하는 첫걸음은 갈등관계를 부각시키는 '용호상박'의 조형물부터 우선적으로 교체하는 것이다.

연습할 때 한 줄 → 세 줄 → 열 줄 혹은 열 줄 → 세 줄 → 한 줄처럼 단계를 밟아 요약해 볼 수도 있다. 단계별 요약을 해 본 학생들은 열 줄 → 세 줄 → 한 줄의 순서로 요약하는 것이 훨씬 더 쉽다고 말한다. 일단 이해한 바를 다소 상세히 풀어낸 후 그 안에서 상대적으로 덜 중요한 정보를 삭제해 가는 것이 더 편하다고 느끼는 듯하다. 한편 한 줄 → 세 줄 → 열 줄 순서의 요약은 핵심 정보를 먼저 잡아내고 분량이 늘어남에 따라 부차적인 정보 혹은 사례까지 넣어야 하므로 정보의 우선순위를 신속하게 판단하는 능력을 키워준다.

🔍 논리 전개가 산만한 글의 요약

다양한 사례를 드는 과정에서 혹은 관련된 내용을 병렬적으로 제시하는 과정에서 논리 전개가 다소 산만해지는 글들이 많다. 사실 깔끔하게 논리가 드러나는 글보다는 중간중간 엇길로 나가는 글들이 더 많다. 글이 아닌 말일 경우에는 한층 더 그렇다.

요약을 하려면 다양한 사례와 내용, 설명들이 연사나 필자가 전달하고자 하는 핵심 의미 쪽으로 어떻게 방향이 모아지는지 파악해야 한다. 첫 눈에 보기에는 연사나 필자의 의도와 관련이 전혀 없는 듯한, 혹은 관련성이 극히 희박하게 여겨지는 내용이 있다면 그 내용이 왜 들어갔는지 곰곰이 생각해 보라. 이런 과정을 거치고 나면 원문보다 훨씬 더 논리적으로 명료한 요약이 탄생한다.

예를 통해 살펴보자.

경제부총리와 한국은행 총재가 지난 주말 미국 워싱턴 IMF(국제통화기금) 연차 총회에 참석한 자리에서 우리 경제에 대한 견해 차를 드러냈다. 부총리는 "미국이 금리를 올려도 한국에서 급격한 자본 유출은 없을 것"이라고 말한 반면 한은 총재는 "국제 금리가 오를 경우 한국에서 자본이 유출되는 상황을 고려해야 할 것"이라고 말한 것이다. 부총리 말은 한은의 금리인하가 더 있을 수도 있다는 것으로 들리지만, 한은 총재 말은 더 이상의 금리인하는 곤란하다는 뜻으로 들린다. 한은 총재는 "기본적 시각 차는 없다"고 했지만, "방점은 다를 수 있다"고 덧붙여 여지를 남겼다.

지금 세계경제는 2008년 글로벌 금융위기와 2010년 유럽 재정 위기의 여파에서 아직 벗어나지 못하고 있다. 우리 경제 역시 그 영향에서 자유롭지는 못한 까닭에 4년 연속 2~3%대 저성장의 늪에 빠져 있다. 이러한 국내외 경제 상황을 고려할 때 경제부총리와 한은 총재가 전심으로 협력하여도 힘이 부칠 판이다. 두 사람은 지난 7월 경제부총리 취임 후 닷새 만에 만나 경제 상황 인식을 공유하고 정책 공조를 강화하겠다고 했다. 그런데 고작 석 달 만에 엇박자가 나니 애초에 공조가 어려운 사람들에게 자리를 맡겼다는 것이 드러났다.

제이컵 루 미 재무장관과 재닛 옐런 연방준비제도(FRB) 의장은 매주 한 차례 점심을 나누면서 현안에 대해 의견을 교환한다. 하지만 우리나라 부총리와 한은 총재는 만나려고조차 하지 않는다. 오죽하면 지난달 호주에서 개최된 G20(주요 20개국) 회의에서 경제부총리와 한은 총재가 함께 와인을 마셨다는 사실까지 보도되었겠는가.

그나마 상승 조짐을 보이던 주가(株價)는 삼성전자 · 현대차 등의 실적 부진으로 2000선 아래로 떨어졌다. 생산 · 투자도 부진하고 소비 심리 역시 살아나지 않고 있다. 일부 부동산 시장을 제외하면 어디를 둘러봐도 상승곡선을 그리는 곳이 없다.

경제부총리는 여러 차례 재정을 통한 부양책을 선보였지만 시장에 별 반응을 불러 일으키지는 못했다. 취임 직후 41조 원 부양책을 발표했지만 그 중 올해는 고작 12조 원 정도가 풀릴 것으로 보인다. 내년 예산을 20조 원 증액하겠다지만 이 또한 총예산의 5.5%에 불과하다. 최근 발표된 5조 원의 부양책 역시 내년 몫인 15조 원 중 5조 원

을 미리 가져다 쓴다는 것이다. 언 발에 오줌 누기 식의 부양책으로
는 하강 일변도의 경제심리를 회복시키기에 역부족이다.

일본 아베 정부는 작년 초 13조 엔을 추경예산으로 편성했다. 한 해
예산의 14%가 넘는 금액이다. 일본은행도 2배 더 늘려 돈을 풀겠다
고 약속했다. 아베 정부와 일본은행은 공동 성명을 발표하고 정책 협
력을 강화하겠다는 의지를 밝혔다. 이같은 노력에도 불구하고 일본
경제를 온전히 회복세로 돌려놓지 못한다고 비판 받는다.

경제부총리와 한은 총재가 한마음으로 경제를 살리겠다고 나서도 모
자랄 판에 벌써 불협화음을 내면 경기회복은 먼 나라 얘기가 되고 말
것이다. 머지않아 두 사람이 국민 앞에 죄를 짓고 있다는 사실을 깨
닫게 될 것이다.

일간지 사설을 재구성함

이 글을 한 문장으로 요약한다면 '어려운 경제상황을 타개하기 위
해 경제부총리와 한국은행 총재는 서로 협력하여 정책상 조화를 이
루어야 한다.'가 될 것이다. 조금 더 길게 요약한다면 어떻게 될까?

내용을 정리해 보자. 필자는 우선 두 사람 사이에 의견 차가 존재
한다면서 그 예로 미 금리 인하가 한국에 미칠 파급효과에 대한 두
사람의 의견 불일치를 들었다. 이어 어려운 경제상황 속에서 두 사람
의 협조가 필수불가결인데도 엇박자가 난다는 점, 또 미국의 경우 두

경제 수장이 빈번하게 교류하는 데 비해 우리나라 경제부총리와 한국은행 총재의 교류는 극히 드물다고 설명한다. 여기까지는 논지가 일정한 방향으로 흐르지만 이후 경제부총리의 경기부양책이 미흡하다는 점을 지적하고 이를 일본과 비교하는 내용이 이어지면서 앞의 논지와의 연관성이 다소 희박해진다. 하지만 결론은 여전히 경제부총리와 한은 총재가 협조를 통해 조화로운 경제정책을 시행할 것을 주문하는 것으로 정리된다.

이렇게 논리적 고리가 헐거워지는 부분을 한 방향으로 잘 이끌어나가는 것이 중요하다. 아래 요약문들을 보자. 학생들이 배포된 원문을 읽고 10분 안에 요약한 결과물들이다.

〈요약 1〉
세계경제의 부진으로 한국경제도 저성장의 늪에 빠지고 있다. 뒷걸음질 치는 생산·투자, 소비심리 위축, 대기업 실적 부진…… . 한국경제가 처한 총체적 난관을 타개하기 위해 경제부총리와 한은 총재가 힘을 합쳐도 모자랄 판에 둘은 오히려 금리 문제를 놓고 의견 차이를 보이면서 엇박자가 계속되고 있다. 실제로 경제부총리와 한국은행 총재는 평소에도 거의 교류를 하지 않는다는 사실이 알려진 바도 있다. 문제는 이뿐만이 아니다. 경제부총리는 취임 후 부양책을 여러 차례 내놓았지만 그 규모가 미미하며 그 중 일부는 단순히 내년 예산을 당겨 쓰는 일종의 '돌려 막기' 정책에 불과했다. 찔끔찔끔 짜내는 식의 경기부양책으로 경제 심리를 되돌리기에는 역부족이다. 일본의 경우 아베 정부는 작년 초 대규모 추경예산을 편성했고 일본은행은 시중에 더 많은 돈을 풀겠다고 약속했다. 하지만 그럼에도 불구하고 아베노믹스는 여전히 긍정적인 평가를 받지 못하는 있는 상황이다.

경제부총리와 한국은행 총재는 하루 빨리 의견 차이를 좁히고 손을 맞잡아야 한다. 한국경제의 '죄인'으로 낙인 되고 싶지 않다면 말이다.

〈요약 1〉은 두 경제수장의 의견 불일치와 경기부양책 부족이라는 두 부분을 대등하게 보고 병렬로 연결하였다. 계속적으로 한국경제가 어려움을 겪는 상황에서 대응방식이 지닌 두 가지 문제점을 제시하면서 결론적으로 부총리와 총재의 협조를 주문했다. 일본 사례는 아베노믹스의 미흡한 성과로 제시되었는데 요약문 내에서의 위치는 다소 애매하다. 부총리의 경기 부양책에 대한 부정적 전망의 근거로 사용되는 듯하다.

〈요약 2〉

① 경제부총리와 한국은행 총재가 미국의 출구전략에 대해 의견 차를 보였다. 경제부총리는 미국이 금리를 인상해도 한국에서 급격한 자본 유출은 없을 것이라고 말한 반면, 한국은행 총재는 국내에서 자본이 유출되는 상황을 고려해야 한다는 의견을 내놓았다. ② 한편으로는 한은이 금리를 더 내릴 수도 있고, 다른 한편으로는 더 이상의

금리인하는 힘들다는 뜻으로 해석될 수도 있다.

두 사람의 행보는 미 재무장관과 연방준비제도(FRB) 의장이 일주일에 한 번씩 식사를 하며 현안을 논의하고, 아베 정부와 일본은행이 정책적 협력을 강화하겠다는 뜻을 비친 것과 사뭇 다르다. 그럼에도 불구하고 아베 정부는 경기를 제대로 살리지 못했다는 쓴 소리를 듣고 있다.

세계경제 위기 여파 속에서 허덕이고 있는 한국에서 경제부총리와 한은 총재가 다른 길을 걷고 있으니 안타깝다. 뿐만 아니라, 경제부총리의 경기 부양책이 가시적인 성과를 내지 못한 상황에서 한은 총재와 의견 차를 좁히지 못한다면 국내 경기 회복은 더욱 어려워질 것이다. ③ 그리고 머지않아, 이 피해를 누가 고스란히 떠안았는지 깨닫게 될 것이다.

〈요약 2〉에서는 〈요약 1〉과 비교할 때 부총리의 경기 부양책이 중요하게 다루어지지 않았다. 대신 〈요약 1〉에 나오지 않았던 미국과 일본의 경제 난국 대처 방식을 핵심에 두었다. 미국의 경제 수장들이 빈번히 회동하는 것, 그리고 아베 정부와 일본은행이 협력하는 것이 긍정적 대처 방식으로 동등하게 제시되어 있다.

〈요약 2〉에서 원문과 달라진 부분을 짚어 보자. 밑줄 친 문장 ①의 경우 두괄식으로 요지를 정리해 한 문장으로 표현하는 전략이 좋았지만 내용이 바뀌었다. 원문에서는 미국의 출구전략에 대한 부총리와 한은 총재의 이견이 아닌, 경제 전반에 대한 시각 차를 지적하기 때문이다. 문장 ②의 내용은 한은 총재의 의견으로 해석될 수도 있고, 부총리와 총재 두 사람의 의견을 종합적으로 정리한 것으로 볼 수도 있어 오해의 소지가 있다. 문장 ③은 원문에 없는 내용이다.

> 〈요약 3〉
>
> 정부와 중앙은행이 손발이 맞아야 그 나라의 경제를 되살릴 수 있다. 하지만 경제부총리와 한국은행 총재는 초반부터 엇박자를 거듭하고 있다. 매주 한 번 점심을 먹으면서 현안을 논의한다는 미 재무장관과 FRB 의장과는 완연히 다른 모습이다. 경제를 살리기 위해 일본 정부와 일본은행은 급기야 공동성명 발표에까지 이르렀지만 우리나라는 여전히 구태의연한 모습이다. 경제부총리는 어려운 국내 상황을 타개해보려고 여러 차례에 걸쳐 재정을 쓰는 부양책을 내놓았지만 그 규모가 일본의 3분의 1정도밖에 안됐다. 일본은 이런 노력에도 불구하고 자국 경제를 제대로 살리지 못했다는 평가를 받았는데 <u>우리나라의 장래가 심히 걱정된다.</u>

〈요약 3〉은 일본의 예를 두 가지로 분리하여 일본 정부와 일본은행의 협조를 하나, 일본 정부의 경기부양책을 또 다른 하나로 놓고 전자를 경제 수장들의 협력의 예, 후자를 경제부총리의 경기부양책이 미흡함을 설명하는 예로 사용하였다. 세 요약 중에서 일본이 가장 중요하게 다루어진 경우이다.

　마지막 문장의 밑줄 친 부분은 원문에 나오지 않은 내용으로 요약한 이의 의견이 강하게 반영되어 있다. 요약에서 필자가 말하지 않은 내용을 넣어서는 곤란하다.

　한국어 텍스트를 외국어로, 혹은 외국어 텍스트를 한국어로 요약하는 경우 논리 구조는 한층 더 산만해지기 쉽다. 기본적으로 한국어 요약 연습이 꼭 필요한 이유가 여기 있다. 모국어 요약 연습을 통해 논지 파악 능력이 키워지면 외국어가 개입된다 해도 분석이 가능하게 된다.

논지가 전달되도록
쓰고 말하기

    지금까지 주어진 텍스트의 논지를 따라잡고 간결하게 요약하는 데 초점을 맞추었다면 이제 상황에 맞는 적절한 표현으로 제대로 전달하는 방법에 좀 더 집중해 보자. 전달하려는 내용은 다른 연사나 필자의 것일 수도, 내 머릿속 아이디어일 수도 있다.

    '전달하는 방법이 그렇게 중요한가? 그냥 전달하면 되는 것 아닌가?'라는 생각이 든다면 한번 생각해 보라. 머릿속에 있는 것을 늘 정확하게 전달해 왔는가? 청자나 독자가 당신의 말이나 글을 오해하고 엉뚱한 반응을 보인 경우는 없는가? 이렇게 말했어야 했는데 저렇게 말했다고 후회한 경험은 없는가? 그런 일이 전혀 없었다면 당신은 아마 선천적으로 언어감각을 타고난 상위 1퍼센트 혹은 0.1퍼센트에 속하는 모양이다. 더 이상은 읽지 않아도 좋다. 물론 그런 천부적 재능의 소유자라면 처음부터 이 책을 집어 들고 읽기 시작했을 것 같지도 않지만 말이다.

전달에 문제가 생기는 이유는 여러 가지이다. 가장 먼저 생각해 볼 수 있는 것이 어휘 차원의 문제이다. '키친타올'을 '치킨타올'로 잘못 말하는 정도의 실수는 귀엽게 넘어가겠지만 '유방 절제'를 '유방 절단'으로 표현한다면 곤란한 일이다.

정확한 어휘를 찾아냈다 하더라도 그 어휘를 바탕으로 말하고자 하는 바를 온전히 전달하는 문장을 만들어내는 것 역시 쉽지 않다. 문장을 말하거나 쓰다 보면 시작 부분과 끝 부분의 아귀가 맞지 않는 경우가 자주 발생한다. 연습이 필요하다. 주어진 문장을 동일한 의미의 다른 문장으로 바꿔 쓰거나 바꿔 말하는 연습, 잘못 표현된 문장을 바로잡는 연습이 전달력을 높이는 데 유용하다. 하나씩 살펴 보자.

🔍 바꿔 말하기와 바꿔 쓰기

같은 의미의 다른 문장을 만들어 보는 활동이다. 패러프레이징 (paraphrasing)이라고도 한다. 이해력과 더불어 표현력을 풍부하게 하는 효과가 있다.

이해력은 전달을 위한 필수조건이다. 여기 더해 의미가 유사하다 해도 정밀하게 따져 보고 어디가 다른지 파악해낼 수 있어야 세밀한 표현이 가능하다.

예를 들어 감소와 감축, 증대와 증강은 어떻게 다른가? 감소는 자연스럽게 줄어드는 상황을 말하지만 감축은 의도적으로 줄이는 것이다. '군비 감축' 같은 표현을 생각하면 쉽게 이해할 수 있다. 증대는 늘어나 커진다는 뜻, 증강은 늘어나 강해진다는 뜻이다. 국민소득은 증대되고 군사력은 증강된다.

한편 여기서 말하는 표현력은 흔히 생각하듯 문학적이고 아름다운 문장을 만드는 능력이 아니다. 사소한 의미 차이까지도 정확히 반영해 최대한의 전달력을 확보하는 능력이다.

바꿔 말하기와 바꿔 쓰기 연습 방법은 여러 가지가 있겠지만 여기서는 텍스트를 활용한 방법을 소개한다. 연습 과정은 다음과 같이 진행하면 된다.

① 연습할 텍스트를 고른다. 처음에는 고유명사가 적은 텍스트를 고르는 편이 쉽다.

② 텍스트의 문장 하나하나를 다른 형태로 바꿔 표현해 본다. 의미는 동일하게 유지한다.

③ 바꾼 문장들을 합쳤을 때 원문과 동일한 논지를 전달하는지 점검한다.

예를 들어보자.

두무진 · 서풍받이 천혜의 절경 자랑하는 백령도 · 대청도

<u>인천 아시안게임 마스코트는 백령도에 살고 있는 점박이물범이다.</u>
남북을 자유롭게 오갈 수 있기에 평화의 전도사 역할을 할 수 있다고
판단돼 선정됐다. 점박이물범이 살고 있는 백령도는 인천의 대표적
관광지이다. 백령도에는 천혜의 절경인 두무진(頭武津)과 콩돌해안 ·
사곶해수욕장 · 물범바위 · 심청각 등 볼거리가 많이 있다. 두무진은
바닷 바위들이 장군머리 형상을 하고 있다고 해서 붙여진 이름이다.
코끼리바위, 형제바위, 선대암 등 각종 바위가 바다를 향해 늘어서
있어 '서해의 해금강이'라 불린다. 용이 하늘로 승천하는 듯한 모습의
용틀임 바위도 있다. 바위 스스로 하늘을 향해 나선처럼 꼬며 오르는
형상이 인상적이다. 가마우지와 갈매기 서식지이기도 하다. 두무진
을 구경할 수 있는 유람선이 수시로 다닌다. 구경하는 데 1시간 정도
걸린다. 두무진 선착장을 이용해 직접 두무진 해안가까지 걸어서 가
볼 수도 있다.

[출처] 〈조선일보〉 2013년 11월 15일자 기사에서 발췌함

　　문장을 바꿔 쓰는 방법은 여러 가지인데 주어를 바꾸는 것도 그 중
하나이다. 본래 문장에서 주어가 아니었던 단어를 하나 선택해 그 단
어를 주어로 삼아 새로운 문장을 만든다. 역시 의미는 동일하게 유지

한다. 첫 번째 문장 '인천 아시안게임 마스코트는 백령도에 살고 있는 점박이물범이다.'는 '인천 아시안게임 마스코트'를 주어로 삼았다. 이제 주어를 바꿔 보자.

- 점박이물범을 주어로 삼는 경우: 백령도에 사는 점박이물범은 인천아시안게임 마스코트이다.
- 백령도를 주어로 삼는 경우: 백령도는 인천아시안게임의 마스코트인 점박이물범의 서식지이다.
- 아시안게임을 주어로 삼는 경우: 인천아시안게임은 백령도에 사는 점박이물범을 마스코트로 지정했다.

어느 단어를 주어로 삼든 의미가 바뀌지 않도록 문장을 만들어내는 연습은 특히 통역 상황의 순발력을 높이는 데 큰 도움이 된다. 듣기와 말하기가 동시에 진행되어야 하는 동시통역 훈련에서는 더욱 그렇다. 동시통역에서는 연사의 발화 내용을 듣고 이해하자마자 전달해야 하므로 제일 먼저 떠오른 단어로 문장을 시작하게 마련이다. 그러므로 어떻게 시작된 문장이든 동일한 의미를 지니도록 만들어내는 과정이 반복된다.

이제 바꾼 문장들을 모아 텍스트를 재구성할 차례이다. 바꿔 쓴 문장들을 합치다 보면 자칫 논지가 달라질 수 있다. 바꿔 쓰거나 말한 문장이 제 기능을 수행하기 위해서는 텍스트 전체의 논지에서 벗어나지 않아야 한다. 이렇게 하다 보면 문장들을 결합해 논지를 구성하는 연습도 함께 할 수 있다.

바꿔 말하기와 바꿔 쓰기를 결합하여 연습하는 것도 가능하다. 우선 바꿔 말해 보고 이후 글로 정리하는 것이다.

위의 원문 문장들을 바꿔 쓴 후 모아 재구성한 사례들을 보자. 모든 문장을 빠짐 없이 바꿔 썼는데 그 결과 전체 흐름에 약간의 문제가 발생했다.

〈바꿔 쓰기 1〉

① 백령도에 살고 있는 점박이물범이 인천아시안게임 마스코트로 선정된 이유는 남북을 자유로이 오갈 수 있어 평화의 전도사 역할을 하기에 적합하다고 판단되었기 때문이다. 인천의 대표적 관광지인 백령도는 ② 점박이물범의 서식지이기도 하다. 또한 천혜의 절경인 두무진과 돌해안, 서곶해수욕장, 물범바위, 심청각과 같은 볼거리도 백령도에 위치해 있다. 장군머리 형상을 한 바위들로 인해 두무진이라 불리는데 '서해의 해금강'이라고도 불린다. 왜냐하면 코끼리바위, 형제바위, 선내암 등 각종 바위가 바다를 향해 늘어서있기 때문이다. 그밖에 바위 스스로 하늘을 향해 나선처럼 꼬여 용이 하늘로 승천하는 모습을 하고 있는 용틀임바위도 인상적이다. 두무진에는 가마우지와 갈매기도 서식하고 있다. 유람선이 수시로 운행되고 있으며 1시간 정도면 둘러볼 수 있을 것이다. ③두무진 해안가까지 걸어가 보고

싶다면 두무진 해안가를 이용하면 된다.

①의 '백령도에 살고 있는 점박이물범'과 ②의 '점박이물범의 서식지'라는 표현은 내용이 중복된다. ①에서 '백령도에 살고 있는'을 생략하는 등의 조치가 필요하다. '~ 때문이다'라는 표현이 반복적으로 사용된다는 점도 아쉽다. ③의 경우 '두무진 해안가'가 두 차례 반복되는 실수가 일어났다. 원문의 '두무진 선착장을 이용해 직접 두무진 해안가까지 걸어서 가 볼 수도 있다'는 '두무진 해안가까지 걸어가 보고 싶다면 두무진 선착장을 이용하면 된다' 정도로 바꿔 쓸 수 있다.

〈바꿔 쓰기 2〉

백령도에 살고 있는 점박이물범이 인천 아시안 게임의 마스코트로 선정되었다. 남북을 자유롭게 오갈 수 있기에 평화의 전도사 역할을 할 수 있다고 판단되었기 때문이다. 백령도는 점박이물범의 서식지이자 인천의 ① 대표적 관광지이며 천혜의 절경인 두무진과 콩돌해안, 사곶해수욕장, 물범바위, 심청각 등 볼거리들을 가지고 있다. ② 두무진이란 이름은 바닷바위들이 장군머리 형상을 하고 있다고 해서 유래된 것이다. '서해의 해금강'이라고도 불리는데 이는 코끼리바위, 형제바위, 선대암 등 각종 바위가 바다를 향해 늘어서 있다고 해서 얻은 이름이다. 이중에는 용틀임바위라고 용이 하늘로 승천하는 듯한 모습을 한 바위도 있다. 스스로 하늘을 향해 나선처럼 꼬며 오르는 바위의 모습이 가히 인상적이다. 가마우지와 갈매기도 이곳에 서식한다. 여행객들은 수시로 다니는 유람선을 이용해 두무진을 구경할 수 있는데 시간은 1시간 정도 걸린다. 두무진 선착장을 통하여 두무진 해안가까지 도보로 산책할 수도 있다.

전반적인 내용이 잘 표현되었다. 하지만 ①에서 '~이며'라는 병렬 의미 연결어미는 적합하지 않다. '대표적 관광지'라는 내용과 뒤에 이어지는 내용 사이의 관계는 병렬이라기보다는 뒤의 내용이 앞의 내용을 부연 설명하고 있기 때문이다. 따라서 ①을 '대표적 관광지로서'로 바꾸는 것이 좋다. 또한 문장 ②의 경우 이름의 유래에 대한 설명이 연이어 두 번 나오게 되므로 수정해야 한다.

고쳐 말하기와 고쳐 쓰기

바꿔 말하기와 바꿔 쓰기가 논리정연한 텍스트를 연습 자료로 삼아 문장 표현을 바꿔 보는 것이었다면 이제는 논리나 구성상 다소 문제가 있는 텍스트를 고쳐 볼 차례이다.

언론 기사, 사설, 칼럼 등은 대부분 여러 차례 검토를 거친 글이다. 논리가 정연한 것은 물론이고 어휘나 표현, 맞춤법에 이르기까지 흠 잡을 데 없는 경우가 많다. 하지만 실제 현실에서 우리가 만나는 텍스트는 전혀 그렇지 않다. 어법에 맞지 않고 부적절한 어휘를 사용하며 논리가 결여되어 있기도 하다. 심지어 말하는 사람의 발음을 알아듣지 못하는 상황도 빚어진다.

앞서 논지잡기의 네 번째로 다룬 '내용 바로잡기와 추측하기'와 비교하자면 '내용 바로잡기와 추측하기'는 온전한 이해에, '고쳐 말하기와 고쳐 쓰기'는 온전한 전달에 보다 강조가 있다.

글과 말 중에 논리나 구성의 문제가 보다 빈번한 것은 말이다. 말을 하다 보면 논리적 구성이 헐거워지고 의도에 벗어난 표현이 나올 가능성도 커진다. 듣는 사람은 그 점을 감안하여 고쳐 들어야 하는 과제를 안는다. 따라서 여기서는 글보다는 말 중심으로 연습 방법을 소개하겠다.

TV나 라디오 프로그램에서 주어진 원고 없이 즉석에서 출연자들이 피력한 의견을 그대로 받아 쓴 텍스트를 선택한다. 논리의 순서가 뒤바뀐다든지 불필요한 반복이 일어난다든지 잘못된 어휘가 선택된다든지 하는 부분을 찾아 올바르게 표현하는 연습을 한다.

다음은 전하고자 하는 의미를 미루어 짐작할 수 있지만 다소 산만하게 표현된 경우이다.

> 안전점검, 그니까 뭐 그게 제대로 이뤄질 수도 있습니다. 통상 이런다는 거예요. 안전점검을 받아놓고, 받아놓고 나서는 나중에 다시 고쳐서 다녀버린다는 거죠. 자기들한테 편리한 방법대로. 그래서 안전

점검을 받을 때는 구색을 맞춰놓을 수도 있겠죠.

이 말은 다음과 같이 고쳐 말할 수 있다.

〈고쳐 말하기〉

안전점검 자체는 제대로 이루어졌을 수도 있습니다. 통상적으로는
안전점검을 받은 이후 편의에 따라 다시 개조하여 운항을 한다고 합
니다. 따라서 안전점검을 받는 시점에는 정상적인 상태를 유지했을
수도 있습니다.

불완전한 문장들을 주된 문장에 합치고 어휘도 고쳐진 것을 확인
할 수 있다. 이렇게 고치고 나니 훨씬 더 이해가 빠르고 분명한 말이
되었다. 이 연습을 하다 보면 어느새 자신이 정돈하여 말하고 있다는
것을 느끼게 될 것이다.

주의할 점은 본래 없었던 논리를 추가해서는 안 된다는 것이다. 전
달하고자 하는 핵심 내용이 명시적으로 드러나지 못하거나 산만하게
표현된 경우, 또 적절치 않은 어휘를 사용한 경우 정리해 주는 것으

로 충분하다.

고쳐 말하기의 다른 사례도 살펴 보자. 우선 직접화법을 간접화법으로 고치게 되는 경우가 있다.

인터뷰나 대담에서 다른 사람의 말을 인용할 때 직접화법을 사용하는 일이 적지 않다. 잘못 하면 어디까지가 인용이고 어디부터가 화자의 말인지 구분하기 어렵게 된다. 이럴 때는 인용된 부분을 적절한 간접화법으로 전환하는 것이 전달에 도움이 된다. 다음 예를 보자.

> [진행자] 어제 환풍구 사고에 대해서 집중적인 질의가 있었다는데, 정 의원께서는 이번 사고 뭐가 가장 큰 문제였다고 보셨습니까?
> [출연자] 주최, 주관사의 무사안일한 생각이 빚어낸 참사다, 그리고 또 경찰과 소방서 등 관계 당국이 현장 확인을 하지 않는 것이 문제였다, 뭐, 이런 것이 어제 경기도 국감에서 드러난 거죠.
>
> [출처] KBS 1 〈안녕하십니까 홍지명입니다〉 2014년 10월 23일 '판교 환풍구 사고 책임 소재와 재발방지책, 해경 해체에 대한 여야 입장은?' 중 일부

출연자의 발언을 보면 마지막 문장 앞쪽은 모두 경기도 국감에서 드러난 내용이다. 그러므로 오해의 여지를 없애기 위해 이를 분명히 드러낼 필요가 있다. 고쳐 말하기의 예는 다음과 같다.

〈고쳐 말하기〉

어제 열린 경기도 국감에서는 주최·주관사의 무사안일한 생각, 그리고 경찰과 소방서 등 관계당국의 현장 확인 미비가 드러났습니다.

이 고쳐 말하기에서는 경기도 국감으로 문장을 시작하여 사고의 가장 큰 원인이 무엇인지가 다름 아닌 경기도 국감에서 드러났다는 점을 분명히 보여주고 있다.

다음은 내용도 복잡하고 설명도 산만한 텍스트를 고치는 연습이다. 사례를 보자.

어제 사실상 말끔하게 정리가 된 거죠. 경기도와 성남시는 공동주최에 대해서 허가한 적이 없다. 그리고 성남시 같은 경우는 여러 차례 요구를 했는데 거절했고, 시장이 공동주최는 안 된다고 거절한 것이 문서로 남아 있었습니다. 그리고 경기도에는 부지사가 그것을 결재해야 되는데, 결재 서류가 올라오지 않았습니다. 그래서 아예 문서로는 신청도 되지 않았는데, 어제 의혹은 관례대로 묵인한 것 아니냐, 경기도에서. 왜냐면 공동주최사가 경기과학기술진흥원이었기 때문에, 사실상 산하기관이기 때문에 경기도에서 묵인된 것인데, 경기도 지사는 허가한 적이 없고 문서로 올라온 적이 없다고 단언을 했고요. 일부 의원들은 그게 지금까지 관행이지 않았느냐, 이런 지적이 있었습니다만 두 기관장은 허가한 적이 없다고 분명히 말했습니다.

[출처] 상동

화자는 성남시와 경기도의 상황을 뒤섞어 서술하고 있다. 또 경기도의 입장을 설명할 때 사건이 일어난 시간적 순서를 따르지 않아 혼란을 가중시킨다. 성남시와 경기도의 상황을 구분해 주고 시간적 순서에 따라 정리한다면 훨씬 더 이해하기 쉬울 것이다. 길이가 짧지 않으므로 고쳐 말하기보다는 고쳐 쓰기 연습에 더 적합할 것 같다.

〈고쳐 쓰기〉

네, 경기도와 성남시는 공동주최에 대해 허가한 적이 없다는 주장을 분명히 하고 있습니다. 우선 성남시의 경우, 이데일리 측의 공동주최 요구를 여러 차례 거절했다고 밝혔으며 성남시장이 공동주최 요청을 거절한 사실도 문서로 남아 있습니다. 경기도의 경우, 원래 공동주최를 요청 받으면 부지사가 그것을 결재해야 하는데 결재 서류, 즉 문서 형태로는 신청도 되지 않은 것으로 확인되었습니다. 이에 대해 공동주최사인 경기과학기술진흥원이 경기도의 산하기관이기 때문에 경기도 측에서 지금까지의 관행대로 묵인한 것이 아니냐는 지적도 있었지만 경기도지사는 허가한 적도 없고 문서로 올라온 적도 없다고 단언했습니다.

복잡하고 산만한 내용이 깔끔하게 정리되었다. 적절하지 않은 어휘를 사용하거나 불필요한 반복을 계속하는 것, 문장을 이유 없이 나누거나 사건의 전개 순서를 뒤섞어버리는 것 등은 입말의 특성이다. 그런 말을 순발력 있게 정리해낼 수 있다면 통번역을 위한 기본기가 갖추어진 셈이다.

뼈대를 보고 확장하기

전체적인 논리 흐름을 파악했고 꼭 전달해야 할 세부 사항도 메모해 둔 상태라면 이제 전달의 성패는 유창하고 명료하게 표현하는 데 달려 있다. 뼈대를 보고 확장하기는 바로 그러한 표현 연습이다. 문장으로 구성된 텍스트가 아닌, 기본 논리와 세부 사항만 주어진 상태에서 연사나 필자가 되어 보는 것이다. PPT 자료를 바탕으로 말하기, 단락별 제목과 소제목을 바탕으로 텍스트 재구성하기 방법을 살펴보자.

PPT 자료를 바탕으로 말하기

PPT 자료에는 전달해야 하는 핵심 내용이 표나 차트, 개조식(個條

式) 서술을 통해 담겨 있다. 그 자료를 보면서 가상의 청중들 앞에서 일목요연하게 설명을 해내는 것이 목표이다. 정확한 어휘 사용은 필수이다. 주요 개념어는 이미 PPT 자료에 제시되어 있을 것이다. 그 개념어와 짝을 이루는 적합한 동사를 찾아내야 하고 각 문장의 내용을 적절히 연결해 주는 접속어를 사용해야 한다. 청중이 잘 이해하도록 차근차근 체계적으로 설명해야 하고 말하는 속도와 정확한 발음에도 신경 써야 한다.

예를 들어 다음과 같은 PPT 슬라이드를 사용한다고 하자. 우측 상단에 큰 주제(한국 문화콘텐츠 산업의 현황과 특성), 왼쪽 상단에 하위 주제(한국 문화콘텐츠 산업 현황), 이어 세부 분야(방송)가 나와 있다. 이를 바탕으로 어떤 내용을 전달하려고 하는 자료인지 파악할 수 있다.

II. 한국 문화콘텐츠 산업의 현황과 특성

한국 문화콘텐츠 산업 현황

방송 분야

2008년 방송프로그램의 장르별 수출 현황

(단위 : 천 달러)

연도	드라마	다큐	에니메이션	영화	오락	음악	교양	기타
2007년	96,391	1,645	2,438	–	3,640	–	1,323	2,026
2008년	105,369	627	6,111	–	1,664	26	963	834

(자료 : KBS 2008년 방송프로그램 수출입 현황)

– 한국방송영상 수출 상승
– 한국 드라마가 방송프로그램 수출 주도, 방송용 애니메이션 수출 호조
– 수출 지역 및 장르의 다양화 : 아시아에서 중동(아랍권) 및 남미 시장으로 확대, 드라마 위주에서 다큐, 에니메이션, 오락프로그램으로 확산

이 슬라이드를 바탕으로 한 학생 말하기의 예시를 보자.

〈PPT 말하기의 예〉

지금부터 한국 문화콘텐츠 산업 현황에 대해 말씀드리도록 하겠습니다.

우선 2008년 방송 프로그램의 장르별 수출 현황부터 살펴보겠습니다.

드라마 부문 수출액을 살펴보면 2007년 96,391,000달러였던 것

이 2008년 105,369,000달러로 증가되었고, 다큐 부문은 2007년의

1,645,000달러에서 2008년의 627,000달러로 감소세를 보였습니다.

그럼 애니메이션 부문은 어떨까요? 2007년의 2,436,000달러에서

2008년의 6,111,000달러로 대폭 증가한 추세를 보이고 있습니다.

이처럼 한국 방송영상의 수출액은 전반적으로 상승세를 보이고 있습니다.

특별히 주목해야 할 부분은 드라마 부문이 방송 프로그램 수출을 주

도하고 있다는 점과 방송용 애니메이션이 수출 호조를 보이고 있다

는 점입니다.

뿐만 아니라 수출 지역 또한 기존의 아시아 시장에서 중동 및 남미

시장으로 확대되었고 장르도 드라마 위주에서 다큐, 애니메이션, 오

락 프로그램 등으로 확산되고 있습니다.

감사합니다.

무엇에 대한 설명인지를 먼저 밝히고 표 내용을 소개한 후 개조식

설명 부분까지 포괄하고 있다. 내용 면에서 더 추가할 수 있는 것은 수출 현황 자료의 출처(KBI), 오락 프로그램의 수출 현황이다. 특히 오락 프로그램 수출 현황을 보면 2007년에는 애니메이션보다 더 많 았다가 2008년에 감소한 상황이므로 짚어 줄 만한 정보가 된다.

표현 면에서는 적절한 서술어 선택이 인상적이다. '수출 현황부터 살펴보겠습니다.' '감소세를 보였습니다.' '증가한 추세를 보이고 있습니다.' 등 쉽게 이해할 수 있고 일반적인 서술어를 잘 사용하고 있다. 이런 연습에서 가장 빈번히 나타나는 오류는 어색한 서술어이다. 필요한 개념어는 모두 나와 있는 상황에서 순발력 있게 서술어를 선택하려면 꾸준한 관찰과 연습이 필요하다. 예를 들어 '한국 방송 프로그램 수출이 상승세를 (_____) 있습니다'의 괄호 안에 '보이고' '기록하고' '나타내고' 등의 표현을 자유롭게 사용할 수 있어야 하는 것이다.

또 한 가지 유의해야 할 것은 숫자 읽는 방법이다. 대부분의 사람들은 백만 단위 이상에서 조 단위에 이르는 큰 숫자를 다루어 본 경험이 부족하기 때문에 위의 도표에서처럼 큰 숫자가 나오면 당황하기 쉽다. 단위를 확인한 후 신속하게 숫자를 읽어 갈 수 있도록 연습해야 한다.

🔍 단락별 제목과 소제목을 보고 텍스트 재구성하기

이번에는 신문기사 등의 텍스트에서 본문을 삭제하고 제목과 소제목, 단락별 제목만 남긴 후, 텍스트 전체 내용을 머릿속에 구성하고 이를 말하거나 글로 써 보는 연습이다. 단락별 제목과 소제목은 앞서 논지 따라잡기에서 만들었던 단락별 제목 형태일 수도 있다. 그 때 전체 텍스트를 읽으면서 단락별 제목을 붙였다면 이제는 텍스트 없이 단락별 제목만 보면서 텍스트를 만들어 보는 것이다.

아래 주어진 것은 신문기사에서 본문을 모두 삭제하고 제목, 부제, 단락별 소제목, 지도만 남겨둔 것이다. 이를 바탕으로 전체 내용을 머릿속에 구성한 다음 이를 적절하고 정확하게 표현해 보자.

내용을 재구성할 때 유의할 사항은 다음과 같다.

① 주어진 정보를 모두 활용해야 한다. 주어진 정보는 전체 텍스트에서 아주 핵심적인 내용만을 축약해 놓은 것이므로 누락시키면 논리적으로 큰 공백이 생기게 된다.

② 주어진 정보를 분석하여 인과관계를 올바르게 설정해야 한다.

③ 사실 관계, 그러니까 어디까지가 사실이고 어디부터는 예상인지 제대로 구분해내야 한다.

④ 적절한 어휘를 사용하여 문장을 구성하고 이를 부드럽게 잘 연결해야 한다.

中, 美·日 견제··· 아시아版 파나마 운하 시동

[일본의 동남아 경제권 텃밭인 태국과 '크라 운하' 건설 합의]

아시아 物流 장악 노려

日의 동서 경제회랑 맞서··· / 中, 남북 경제회랑 추진 / 싱가포르도 타격 불가피

美軍 봉쇄망 무력화 전략

美가 장악한 말라카해협 / 우회로 만들어지는 셈··· / 석유수송 차단 우려 덜어

[출처] 2015년 5월 19일자 조선일보 기사

학생이 재구성한 예는 다음과 같다.

〈내용 재구성의 예〉

중국이 베트남에서 라오스와 태국 그리고 미얀마를 연결하는 일본의 동서경제회랑에 맞서, 윈난성에서 라오스를 경유하여 태국과 말레이시아까지 도달하는 남북 경제회랑을 추진하면서 아시아 물류 장악을 노리고 있다.

중국은 또한 일본의 동남아 경제권 텃밭인 태국과 크라 운하 건설에 합의하였다. 크라 운하는 길이 102km에 폭 400m, 수심 25m에 달하는 규모로 완공 시 기존 항로인 말라카 해협을 경유하는 것보다 거리로는 1200km, 항해기간으로는 2~5일을 단축하는 효과를 가져올 것으로 예상된다. 뿐만 아니라 미군이 장악하고 있는 말라카 해협의 우회로가 만들어지는 셈이기 때문에 그간의 석유수송 차단 우려를 불식시키는 동시에 미군 봉쇄망을 무력화하는 역할을 할 것으로 보인다. 중국은 이와 같은 아시아판 파나마 운하 건설계획을 개시하게 됨에 따라 동남아에서 본격적인 미, 일 견제에 들어가게 된 것으로 보인다. 다만 이로 인해 싱가포르가 입게 될 타격은 불가피할 전망이다.

이렇게 재구성한 텍스트를 본래 신문기사의 본문 내용과 비교하면서 원문의 논지가 제대로 전달되었는지 확인하는 과정을 거친다.

동료 비평

　이상에 소개한 여러 연습들에서 빠지지 않는 단계가 바로 동료 비평이다. 논지를 따라잡고 요약하고 바꾸거나 고쳐 쓰며 확장한 결과물을 동료들끼리 서로 검토하는 것이다. 말이든 글이든 텍스트에는 모두 수신자가 존재한다. 혼자서 연습을 하다 보면 그 수신자에 대해 잊어 버리기 쉽다. 동료 비평은 바로 그 수신자를 끌어 들이는 방법이다.

　그렇다고 동료 비평이 비평 받는 사람에게만 의미가 있는 것은 아니다. 비평 받는 측과 하는 측 모두에게 더할 나위 없이 유익하다. 비평을 받는 사람은 여러 각도에서 본인 연습 결과물에 대한 제3자의 평가를 받을 수 있어 좋고, 비평을 하는 사람은 결과물의 수신자가되어 봄으로써 이후 자기 연습에서 어떤 점에 유의해야 할지 보다 구체적으로 생각하게 된다. 동료의 결과물이 원문과 의미상 차이가 있는지, 차이가 있다면 그 원인과 대안이 무엇인지 고민해야 하므로 저절로 이해 분석 능력이 키워진다.

동료 비평은 원문이 주어진 상태와 주어지지 않은 상태 모두에서 가능하다. 우선 원문이 주어진 상태를 가정해 보자. 이 때 비평하는 사람은 세 종류의 텍스트를 다루게 된다. 먼저 원문 텍스트이고, 두 번째는 비평의 대상이 되는 동료의 결과물 텍스트이며 세 번째는 자신이 이해한 후 머릿속이나 지면 위에 만든 텍스트이다. 유사하지만 결코 동일하지 않은 이 세 텍스트를 비교하는 과정에서 비평하는 사람은 미묘한 의미 차이에 대해 주목하며 고민할 수밖에 없다.

개별적으로 연습할 때뿐 아니라 통번역 수업 강의실에서도 동료 비평은 빠지지 않는다. 기본적으로 교수자의 결과물 비평이 있지만 그것만으로는 한계가 크다. 교수자 한 명이 모든 학생의 결과물을 꼼꼼히 비평하기도 어려울 뿐더러 교수자라는 한 사람이 다양한 청중 및 독자 의견을 대변할 수 없다는 점에서도 그렇다. 여러 동료들이 청중의 역할을 맡아 다각도의 관점을 제공하는 것이다.

이제 동료 비평의 사례를 살펴보자. 한식 정체성에 대한 일간지 칼럼을 읽고 바꿔 쓴 결과물을 다른 학생이 동료 비평한 것이다.

우선 원문을 보자.

〈원문〉

간혹 소시지와 순대의 차이점이 무엇인지 묻는 경우가 있다. 나의 대답은 간단하다. "소시지도 순대의 한 종류"라는 것이다. 나는 굳이 소시지와 순대를 구분해야할 필요를 잘 모르겠다.

한식의 정의를 두고 의견이 분분하다. 해외 유학파 한국인 요리사나 유명 외국인 요리사들이 '고추장 버터 스테이크' '김치 핫도그' '비빔밥 햄버거' 등을 내놓아 좋은 반응을 얻었다는 기사를 자주 본다. 국내에서는 이런 음식을 한식으로 볼 수 없다고 말하는 사람도 있다. 어느 시대부터의 음식을 한식으로 부를 것인가? 재료는? 김치, 된장, 고추장이 없으면 한식이 아닌가?

미국에서 명성을 얻은 일본인 셰프 노부 마쓰히사의 경우를 보자. 노부는 일본 요리에 기반한 창의적인 메뉴를 선보이면서 미국에서 선풍을 일으켰다. 이와 관련하여 일본 내에서는 그의 요리를 일식으로 볼 것이냐 양식으로 볼 것이냐를 두고 논란이 일었다. 이때 노부의 대답이 명언이다. "내 음식은 일식도 양식도 아니다. '노부 요리'다." 자신의 요리가 일식으로 불리든 양식으로 불리든 중요한 문제가 아니라는 것이다. 노부 덕분에 서양 사람들 사이에 일식에 대한 관심이 싹텄고, 이는 세계에 일식을 널리 알리는 데 좋은 계기가 되었다.

중국 음식은 그 종류가 하도 방대하여 평생을 먹어도 다 먹어볼 수 없다고 한다. 음식에 대해 열린 생각을 가지고 있었기 때문에 가능한 일이 아니었을까. 중국인들은 세상의 모든 음식이 중국 요리가 될 수 있다고 믿는다.

짜장면, 돈가스, 부대찌개 등 오늘날 우리가 즐기는 음식들도 사실 그 역사가 길지 않다. 원래 중국 산둥성 출신 화교들이 먹던 음식에서 짜장면이 유래했다. 돈가스는 일본 음식이고, 부대찌개는 미군 부대에서 나온 햄과 소시지를 재료로 만들었다. 외국에서 들어온 음식과 재료가 한국 음식으로 다시 태어난 것이다. 열린 마음이 있었기에 가능했던 일이다.

무엇을 한식으로 볼 것이냐 하는 한식 정체성에 대한 논란은 이제 거두어도 될 것 같다. 그보다는 한식에 대한 일반 대중들의 관심을 불러 일으키고 동시에 한국 음식과 식재료에 대해 깊은 이해를 가진 인력을 양성하는 것이야말로 한식 세계화의 지름길이 아닐까 싶다. 세계 모든 음식이 한식이 될 수 있다는 열린 마음을 기대해 본다.

일간지 칼럼을 재구성함

이 원문에 대해 한 학생이 바꿔 쓴 글, 그리고 다른 학생의 동료비평은 다음과 같다.

제목: 순대 소시지 고쳐 쓰기	작성일자: 2014. 12. 20
원고 작성자: 1조2번 000	비평문 작성자:000

<바꿔 쓴 글>

① 소시지와 순대의 차이? 나는 소시지도 일종의 순대라 본다. 둘을 꼭 구분해야 하나? 한식의 정의에 대한 논란이 거세다. ② '김치 핫도그' 등의 요리에 대한 해외 반응이 좋다는 소식을 종종 접한다. 국내에서는 그런 음식이 과연 한식인지를 두고 말이 많다. 그렇다면 언제부터의 음식이 한식인가? 어떤 재료를 써야 한식인가? 김치나 고추장이 들어가야 한식인가? ③ 일본요리사 노부를 생각해보자. 그가 창의적으로 변형한 일본 요리는 미국에서 큰 인기를 끌었다. 그러나 일본에서는 그의 요리가 일식인지를 두고 논란이 있었다. 이 때 노부가 한 명언. "내 음식은 일식도 양식도 아닌 노부 요리다." 일식이든 양식이든 중요치 않다는 것이었다. 노부 요리는 결국 세계에 일식을 알리는 중요한 계기가 되었다. 중국 음식의 종류는 매우 방대하다. 음식에 대한 중국인의 열린 생각 때문인 듯하다. 그들은 전 세계 요리가 중국 음식이 될 수 있다고 생각한다. 우리가 즐겨먹는 음식 중에도 ④ 역사가 짧은 것이 많다. 짜장면, 부대찌개 등이 그 예다. ⑤ 짜장면은 중국 산둥성에서 먹었던, 부대찌개는 미군부대에서 나온 재료로 만든 요리이다. 외국 음식과 재료가 한국 음식으로 다시 태어난 것. 모두 열린 마음이 있었기에 가능했던 일이다. 이제 한식 정체성에 대한 논란은 그만하자. 그보다 ⑥ 한국음식에 정통한 인력을 양성하고 한식에 대한 관심을 제고하는 것이 한식 세계화의 지름길이다. 우리가 열린 마음을 가지면 세계 모든 음식이 한식이 될 수 있을 것이라고 기대해본다.

<총평>

자신의 말로 고쳐 쓰는 부분에서 원문이 조금 남아 있었던 듯합니다.

<세부 사항>

① 물음+대답 형식으로 문장이 대구되어 좋은 듯합니다. 하지만 한국어 부분에서는 '소시지도 순대의 일종'이 더 자연스러운 표현이고, 원문

은 '구분해야 하나'하고 단락이 끝나고 뒤에 한식의 정의 논란에 대해서 이야기가 나오는데, 요약문에서는 물음과 이어져서 의미가 달라진 것 같습니다.

② 원문에서는 '김치 핫도그' 외에도 여러 음식들이 나왔는데 '김치 핫도그'만 언급하면 원문을 읽지 않은 독자는 내용을 빨리 파악하지 못할 것 같습니다. 김치 핫도그, 햄버거 비빔밥을 포괄하는 개념인 퓨전한식으로 해주는 것이 좋을 것 같습니다.

③ 이 문장만 봤을 때는 '노부'가 우리 모두 잘 아는 사람인 듯합니다.

④ '역사가 길지 않다'와 '역사가 짧다'는 필자가 전하고자 하는 의도가 다른 듯합니다. 역사가 길지 않은 것은 짧은 것이 아닌 것 같습니다.

⑤ 짜장면은 ~먹던 음식, 부대찌개는 ~만든 음식, 모두 '음식'에 걸리게끔 쓰신 것 같은데 문장이 길다 보니 짜장면이 '만든 음식'에 걸릴 수도 있는 것 같습니다. 먹었던 뒤에 음식을 넣어 주는 것이 좋을 것 같습니다.

⑥ 한식 전문가나 요리사로 바꾸어 주면 어떨까요?

동일한 글쓰기 혹은 말하기에 대하여 이런 동료 비평을 대여섯 사람에게서 받고 나면 다양한 내용이 망라된다. 어떤 점이 공통적으로 지적되는지도 알 수 있다. 물론 동료들이 지적한 사항을 모두 받아들여야 하는 것은 아니다. 개인 취향에 따른 문제 제기에 불과한 경우도 있을 것이기 때문이다. 그럼에도 동료 비평을 통해 자기 결과물을 다각도에서 바라보게 된다는 점은 분명하다.

앞의 동료 비평 사례는 결과물과 함께 원문이 주어진 경우였다. 이와 달리 원문은 없이 결과물만 보고 비평하는 연습도 가능하다. 이 때는 원문의 방해를 받지 않고 결과물만을 분석하게 되므로 한층 더 까다롭게 한국어를 점검할 수 있다. 또한 어차피 통번역의 청중 및 독자는 결과물만을 만나게 된다는 점에서 이는 현실 속 통번역과 보다 가까운 과정이기도 하다.

결과물만 보고 동료 비평을 하다 보면 원문 없이도 결과물 자체의 논리적 허점을 찾아낼 수 있다는 점, 완결된 텍스트를 읽으면서도 논지가 파악되지 않을 수 있다는 점, 좀 더 자연스러운 표현을 위해 노력해야 한다는 점을 실감하게 된다.

지금까지 주로 쓰기 연습 중심으로 설명했지만 동료 비평은 말하기에서도 유용하다. 말하기는 자기가 녹음하여 다시 들으면서 점검하는 방법도 있지만 글쓰기와 마찬가지로 자신이 알아차리지 못하는 부분을 동료들이 잡아내는 경우가 많다. 발음, 발성, 속도에서부터 핵심 메시지 전달 여부, 표현의 자연스러움 등 여러 측면에서 동료 비평이 이루어진다.

통역 현장에서는 다른 통역사가 해주는 한국어 통역을 듣고 담당 외국어로 다시 통역하는 경우가 있다. 이를 릴레이 통역이라 부른다. 예를 들면 중국 연사의 발표를 중국어 통역사가 한국어로 통역하면 영어 통역사가 이를 받아 영어로 옮기는 식이다. 이 경우 중국어를 전혀 모르는 영어 통역사가 한국어만 듣고 오류를 발견해 수정하는 일이 적지 않다. 동료 비평과 감수 연습을 통해 텍스트를 객관적, 비판적으로 볼 수 있는 능력을 키운 덕에 이런 수정이 가능해진다.

감수

동료 비평을 충분히 연습하고 나면 자가 감수를 할 수 있게 된다. 자가 감수란 비평자의 눈으로 본인의 결과물을 검토하고 수정하는 과정이다. 동료 비평의 경험을 자기 결과물에 적용하는 것이다. 비평해 줄 동료가 언제나 곁에 있을 리 없다. 결국은 혼자서 결과물을 다듬고 개선할 수 있는 능력이 필요하다.

본래 의미의 감수는 번역을 검토하는 활동이다. 작게는 급히 하느라 빠뜨린 부분은 없는지, 오탈자는 없는지 확인하는 것부터, 크게는 번역사가 내용을 제대로 이해해서 옮겨 주었는지, 과연 독자가 이해하기 쉽게 쓰였는지를 확인하는 것이다. 더 나아가 편집, 교열 등 번역 결과물의 최종 완성도를 개선하는 데까지 이른다. 상황에 따라 다르지만 번역에 걸리는 시간보다 감수하는 시간이 더 긴 경우도 심심치 않게 발생한다. 그리고 이 감수가 최종 번역물의 품질에 미치는 영향은 지대하다. 특히 외국어를 한국어로 옮기는 번역의 감수 과정에서는 번역 결과물인 한국어를 고쳐 쓰는 과정이 절대적으로 큰 비중을 차지한다.

가장 일반적인 감수 방법은 원문을 보지 않고 번역문을 읽으면서 표현이 부자연스럽다거나 논리적으로 허술하다고 판단되는 부분이 있는지 검토하는 것이다. 앞뒤 맥락이 연결되지 않거나 이해가 안 가는 부분이 나왔다면 원문과 번역문 대조에 들어가야 한다.

번역사와 감수자 사이에는 갈등과 다툼이 많다. 텍스트를 보는 눈은 사람마다 다르기 때문이다. 어쩔 수 없이 길고 고통스러운 협의가 필요하다. 하지만 이 과정은 번역문의 품질을 높이고 또한 번역사의 번역 능력을 향상하는 데 기여하게 된다.

일단 한국어로 쓰인 글을 원문 없이 감수하는 상황을 상상해 보자. 어떤 점을 중심으로 살펴 봐야 할까? 대 원칙은 다음과 같다.

① 독자의 입장에서 읽고 이해해 보기

글의 대상 독자가 누구일지를 생각한 후 그 독자에 맞는 적절한 수준에서 글이 작성되었는지 살펴 본다. 독자가 해당 분야의 전문가인지 아니면 일반인인지 등을 파악하고 그 수준에서 충분히 이해할 수 있는 글로 쓰였는지 검토하는 것이다.

② 최대한 명료하게 내용이 전달되었는지 확인하기

말하고자 하는 논지가 분명하게 전달되었는지, 애매하거나 이해에 혼란을 불러 일으키는 부분은 없는지, 행위의 주체가 명확히 드러나는지 등을 살펴 본다.

③ 적절하게 표현되어 유창하게 읽히는지 검토하기

주술 호응의 문제는 없는지, 적절한 어휘를 사용하여 표현되었는지, 동일한 어휘나 문장 유형이 반복되지는 않는지 등을 살펴 보고 필요하다면 다듬어야 한다.

이제 학생들의 번역 혹은 쓰기 텍스트를 대상으로 감수가 어떻게 이루어지는지 세 가지 사례를 통해 제시하고자 한다. 이 책의 1단계와 2단계에서 다루었던 내용이 모두 망라될 것이다.

감수 사례 1

아래의 글은 지난 2014년 미국 사회를 인종 갈등의 소용돌이에 휩싸이게 만든 '퍼거슨 사태'에 관한 기사를 읽고 내용을 요약한 글이다. 먼저 주의 깊게 읽어 보자. 각 문장 앞에 붙은 번호는 이후 설명을 위한 것이니 읽을 때에는 신경 쓰지 않아도 좋다.

<학생 요약>

① 백인 경찰관이 비무장 상태인 흑인 청년을 살해하면서 불거진 퍼거슨 사태의 이면에는 100년 이상 지속된 지역적 인종 갈등이 작용했다. ② 1900년대 초까지 미주리 주 퍼거슨 시는 백인들이 주로 거주하는 도시였으며 흑인들은 퍼거슨 서쪽에 위치한 공항 옆 부지인 킨록에 거주했다. ③ 당시 미주리 주 법에 따르면 흑인들은 주택 구입이 금지되어 있었고, 법이 느슨하게 적용되는 킨록에 주택을 구입하고 거주하였다. ④ 킨록은 공항 옆 부지로 상업시설이 없는 땅이었고 흑인들은 퍼거슨 시에서 일을 하고 일몰법에 따라 해가 지기 전 킨록으로 돌아와야 했다. ⑤ 1980년대 미주리 주에서 공항 규모를 확장하면서 살 곳을 잃은 킨록 주민들은 퍼거슨 시로 대거 이주하였다. ⑥ 이는 당시 이미 흑인 부동산 거래 금지법이 폐지된 이후라 가능했다. ⑦ 퍼거슨 시의 흑인 인구가 급증하기 시작해 2010년에는 백인 비율보다 흑인 비율이 높아졌다. ⑧ 하지만 권력은 여전히 소수 백인에게 집중되어 있으며, 흑인에 대한 보이지 않는 차별이 여전히 존재하고 있다는 점이 문제다. ⑨ 결국 퍼거슨 사태는 하루아침에 불거진 일이 아니라는 의미이다.

위의 글을 읽고 어떤 생각이 드는가? 다음과 같은 점을 지적할 수 있다.

첫째, 너무 산만하다.

스토리가 일목요연하게 서술되어야 하는데 문장이 하나하나 따로 놀고 있는 느낌이 든다. 그 원인으로 접속사의 부재를 들 수 있다. 각 문장을 적절한 접속사로 연결만 해주었어도 훨씬 읽기 편한 글이 되었을 것이다. 예를 들어 ④번 문장과 ⑤번 문장 사이에 '그러던 것이'를 삽입하거나 '이런 상황은 1980년대 들어 급변하였다' 등의 문장을 삽입해 연결하고, 또 ⑥번 문장과 ⑦번 문장 사이에 '이로 인해' 등의 연결어를 넣어 주면 훨씬 더 편안하게 하나의 스토리로 읽히는 글이 될 수 있다.

둘째, 내용 구분 없이 하나의 문단으로 이루어져 갈피를 잡기 어렵다.

독자가 쉽게 내용을 파악하도록 하기 위해서는 내용 전환이 이루어지는 부분에서 문단을 나누어 내용을 갈래지어 주어야 한다. ②번 문장이 시작되는 지점과 ⑤번 그리고 ⑧번 문장이 시작되는 지점에서 문단을 나눠 주면 어떨까? 독자는 훨씬 더 쉽게 내용을 파악하게 될 것이다.

셋째, 인과관계가 불명확해 내용이 선명하게 들어오지 않는다.

④번 문장을 예로 들어 보자. '킨록에는 상업시설이 없었으므로 흑인들은 퍼거슨 시로 나가 일을 하고 일몰법에 따라 해지기 전까지 킨록으로 돌아와야 했다'라고 인과관계를 밝혀 주면 내용이 더 분명해

진다. ③번 문장도 마찬가지이다. 위의 글에서는 '금지되어 있었고'라고 병렬로 연결했지만 실제 의미는 원인과 결과이므로 '당시 미주리 주 법에 따르면 흑인들의 주택구입이 금지되어 있었으므로 흑인들은 법 적용이 상대적으로 느슨했던 킨록에 주택을 구입하여 거주하였다'고 하면 내용이 더욱 명료하다.

넷째, 행위의 주체가 명확치 않은 부분이 있다.

문장 ③의 경우 '킨록에 주택을 구입하고 거주'한 이가 누구인지 명확히 드러나 있지 않아 혼돈을 불러 일으킬 수 있다. '당시 미주리 주 법에 따르면 흑인들의 주택 구입이 금지되어 있었으므로 흑인들은 법 적용이 상대적으로 느슨했던 킨록에 주택을 구입하여 거주하였다'라고 주체를 분명히 밝혀 주면 좋겠다.

다섯째, 첫 문장에서 이야기의 개요가 드러나는 것이 더 좋다.

뒤에 나오는 정보를 앞당겨 ①번 문장에서 전해 주면 어떨까? 예를 들어 '미국의 미주리 주 퍼거슨 시에서 백인 경찰관이 비무장 상태인 흑인 청년을 살해하면서 불거진 일명 '퍼거슨 사태'의 이면에는 ~'으로 글이 시작된다면 독자는 글의 개요를 훨씬 빨리 파악하게 될 것이다.

여섯째, 표현 문제도 들여다 보자.

먼저 ①번 문장은 주술 호응에 문제가 있다. '퍼거슨 사태의 이면에는 ~'으로 시작되었으므로 '~인종 갈등이 자리 잡고 있다' 정도로 문장이 마무리되었어야 한다.

②번 문장에 사용된 '부지'라는 어휘는 적절치 않다. 그냥 생략해도 무방하다.

③번 문장에서 '법이 느슨하게 적용되다'라는 표현도 '법이 엄격히 적용되지 않았다' 정도로 수정하면 좋겠다.

⑤번 문장에서 '공항 규모를 확장한다'는 표현도 어색하다. '공항을 확장하다' 정도로 바꿔 보자.

⑦번 문장에서 '백인 비율보다 흑인 비율이 높아졌다'라는 표현은 틀린 것은 아니지만 '비율'이라는 말이 불필요하게 반복되었다. '백인보다 흑인의 비율이 더 높아졌다' 정도로만 수정해도 훨씬 읽기 좋다.

위의 수정 사항을 반영해 다시 써 보면 다음과 같다.

〈감수본〉

미국 미주리 주 퍼거슨 시에서 백인 경찰관이 비무장 상태인 흑인 청년을 살해하면서 불거진 일명 '퍼거슨 사태'의 이면에는 100년 이상 지속된 지역적 인종 갈등이 자리 잡고 있다.

1900년대 초까지 퍼거슨 시는 백인들이 주로 거주하는 도시였으며 흑인들은 퍼거슨 서쪽에 위치한 공항 옆 킨록에 거주했다. 당시 미주리 주 법에 따르면 흑인들의 주택구입이 금지되어 있었으므로 흑인들은 법이 엄격히 적용되지 않았던 킨록에 주택을 구입하여 거주하였던 것이다. 킨록에는 상업시설이 없어 흑인들은 퍼거슨 시로 나가 일을 하고 일몰법에 따라 해지기 전까지 킨록으로 돌아와야 했다.

이런 상황은 1980년대 들어 급변하였다. 미주리 주가 공항을 확장하면서 살 곳을 잃은 킨록 주민들이 퍼거슨 시로 대거 이주하게 된 것이다. 이는 당시 이미 흑인 부동산 거래 금지법이 폐지된 이후라 가능했다. 이로 인해 퍼거슨 시의 흑인 인구가 급증하기 시작했고 2010년에는 백인보다 흑인 비율이 높아졌다.

하지만 권력은 여전히 소수 백인에게 집중되어 있으며, 흑인에 대한 보이지 않는 차별이 아직까지 존재한다는 점이 문제다. 결국 퍼거슨 사태는 하루아침에 불거진 일이 아니라는 의미이다.

수정된 글도 재수정을 거듭하면 더 다듬어질 것이다. 일단 위에서 언급한 사항들만 수정해도 훨씬 읽기 편한 글이 되었다.

감수 사례 2

이번에는 중국어 원문을 한국어로 번역한 글을 보자. 감수는 원문을 참조하지 않은 채 한국어 번역문에 대해서만 이루어졌다. 학생의 번역 글은 다음과 같다.

<학생 번역>

세계 최대 스마트폰시장①인 중국에서 ②현지 기업인 샤오미의 점유율이 처음으로 삼성을 능가하면서 ③화제로 떠오르고 있다. ④2년 3개월 만에 삼성이 1위 자리를 샤오미에게 내준 셈이다. 삼성이 아직까지는 글로벌 시장에서 1위 자리를 고수하고 있지만 화웨이, 레노버, 위룽, ZTE 등 중국 휴대폰 제조사들의 맹추격에 입지가 줄어들고 있다.

창립된 지 5년 밖에 안 된 샤오미가 ⑤글로벌 1위 기업인 삼성을 위협하고 있다는 소식에많은 사람들이 놀라움을 금치 못했다. 하지만 이는 ⑥중국 IT 기업이 천하를 제패하려는 프로세스의 일부에 지나지 않는다. ⑦인터넷 분야에서의 경쟁이 유난히 눈에 띈다. 십 수년 전부터 많은 중소 기업들이 인터넷 분야에서 각축을 벌여왔고 오늘날 ⑧3국 정립의 국면을 형성하였다. 전자상거래 기업인 알리바바의 마윈 총재, 인터넷게임과 SNS기업인 텐센트의 마화텅 총재, 검색엔진기업인 바이두의 리옌홍 총재가 바로 그 주인공들이다.

① '스마트폰 시장인 중국에서'는 가운데 조사를 빼고 '스마트폰 시장 중국에서'로 고치면 속도감을 더할 수 있다.

② '현지 기업'의 현지는 어디일지 독자들이 앞부분으로 돌아가 생각할 필요 없게 하려면 '중국 기업'으로 바꾸면 된다.

③ '화제로 떠오르고 있다'는 표현은 어색하다. '화제'와 '떠오르고

있다'라는 표현들이 호응되지 않기 때문이다. 호응에서 문제가 없는지 확인하려면 포털사이트 검색 조건을 뉴스로 설정해서 찾아 보는 방법이 있다. 그러면 신문에서 사용되는 표현을 확인할 수 있다. 호응이 맞지 않는 표현을 습관적으로 사용할 수도 있는데 신문 등에서 자신의 평소 표현과 다른 것을 발견하면 뉴스 검색으로 점검해 보기를 권한다. '화제로 떠오르고 있다'를 뉴스 검색에 넣어 보면 이 표현은 거의 나오지 않고 '화제가 되고 있다', '화제를 모으고 있다' 혹은 '화제다'가 주로 사용되는 것을 알 수 있다.

④ '2년 3개월 만에 삼성이 1위 자리를 샤오미에게 내준 셈'에서는 무슨 1위인지가 불분명하다. 내용을 보충할 필요가 있다.

⑤ 삼성이 무엇의 글로벌 1위 기업인지 알 수 없다. '세계 스마트폰 시장 점유율 1위'라는 내용 보충이 가능하다.

⑥ '중국 IT 기업이 천하를 제패하려는 프로세스의 일부에 지나지 않는다'는 문장은 다소 늘어지는 느낌이다. '중국 IT 기업의 국내 시장 제패 과정 중 일부에 불과하다'라고 하면 속도감을 더할 수 있다. '천하 제패'는 얼핏 보기에는 글로벌 시장 제패를 말한다고 생각할 수 있지만 이 텍스트는 중국 국내 시장에 초점을 맞춘 내용이므로 여기서의 '천하'는 중국 국내를 가리킨다고 보는 것이 타당하다. 독자들이 오해할 여지를 줄이려면 '천하'라는 표현의 수정이 필요하다.

⑦ '인터넷 분야에서의 경쟁이 유난히 눈에 띈다'는 문장은 앞뒤 문장과 연결 없이 불쑥 튀어 나왔다. '중국 IT 기업의 경쟁은 인터넷 분

야에서 더욱 두드러지는데'와 같은 표현을 첨가해 배경 상황을 다시 한 번 밝혀 줄 수 있다.

⑧ '3국 정립의 국면을 형성하였다. ~가 바로 그 주인공이다'라는 부분에서 '3국 정립'이라는 표현은 한국 독자들로서는 이해하기 어렵다. 원문이 중국어 텍스트였음을 감안하면 이 표현은 아마도 중국어의 三足鼎立(다리가 세 개 달린 솥이라는 뜻으로 3측의 세력이 비등하다는 의미)을 번역했을 가능성이 높다. 앞서 언급한 뉴스 검색 방식으로 이 세 기업의 관계를 표현한 한국어 표현을 찾아 보면 중국 IT 업계의 BAT(세 기업 이름의 앞 글자를 딴 것) 혹은 빅3라고 옮기는 경우가 많다.

이상의 내용을 반영해 고쳐 쓴 텍스트는 다음과 같다. 띄어쓰기 수정 부분은 따로 밑줄을 긋지 않았지만 두 텍스트를 비교해 보면 확인할 수 있다.

〈감수본〉

세계 최대 스마트폰 <u>시장 중국</u>에서 <u>자국 기업</u>인 샤오미의 점유율이 처음으로 중국을 추월하면서 <u>화제가 되고 있다. 삼성이 중국 스마트폰 시장 점유율 1위에 오른 지</u> 2년 3개월 만에 샤오미에게 1위 자리를 내준 셈이다. 삼성이 아직까지는 글로벌 시장 1위를 고수하고 있지만 화웨이, 레노버, 위룽, ZTE 등 중국 휴대폰 제조사들의 맹추격에 입지가 줄어들고 있다.

창립된 지 5년밖에 안 된 샤오미가 <u>세계 스마트폰 시장 점유율 1위인</u> 삼성을 위협하고 있다는 소식에 많은 사람들이 놀라움을 금치 못했다. 하지만 이는 <u>중국 IT 기업의 국내 시장 제패 과정 중 일부에 불과하다. 중국 IT 기업의 경쟁은 인터넷 분야에서 더욱 두드러지는데,</u> 십여 년 전부터 많은 중소 기업들이 인터넷 분야에서 각축을 벌인 결과 전자상거래 기업인 알리바바의 마윈 총재, 인터넷 게임 및 SNS 기업인 텐센트의 마화텅 총재, 검색엔진 기업인 바이두의 리옌훙 총재가 오늘날 인터넷 시장의 <u>빅3</u>로 성장했다.

독자들은 수정 내용에 모두 동의하지 않을 수도 있다. 그렇다면 자기 나름대로 감수를 시도해 보기 바란다. 감수자 자신이 오늘 수정한 텍스트라 해도 내일모레 다시 보게 되면 새로이 고치고 싶은 곳이 여러 군데 나오기 마련이다. 글쓰기는 끝없는 수정의 과정이기 때문이다. 어느 시점에서 고쳐쓰기를 중단할 것인지는 상황에 따라 글쓴이 자신이 결정해야 한다.

감수 사례 3

다음은 〈본 아이덴티티〉라는 영화 줄거리를 낭독으로 들은 후 외국인 학생이 정리해 쓴 글이다. 영화 줄거리의 박진감을 표현하기 위해 명사형 종결 문장, 현재형 시제가 사용되었다. 모든 영화 줄거리가 마찬가지겠지만 특히 액션 미스터리물인 이 영화의 경우 아직 영화를 보지 않은 사람들이 읽고 오해 없이 이해할 수 있도록 명료하게 쓰는 것이 중요하다.

전체적으로 흐름에는 큰 문제가 없다. 외국인 학생의 글로는 훌륭하다. 세부적인 부분들을 짚어 보면 오해의 여지가 있는 표현, 시제, 어색한 표현, 군더더기 표현, 부적절한 부사로 나눌 수 있다.

〈학생 글〉

이탈리아의 한 섬에서 ①총상을 입은 채 어부들에게 ②구조 당한 한 남자. 가까스로 목숨은 건졌지만 기억상실증으로 ③인해 과거의 기억을 모두 잃게 된다. 단서라곤 살 속에 숨겨진 스위스 은행 계좌번호와 등에 입은 총상뿐. ④결국 그는 유일한 실마리인 스위스은행으로 찾아⑤갔고 거기에서 자신이 제이슨 본이라는 이름으로 파리에서 살았으며 그 외에도 여러 개의 가명을 ⑥가지고 있다는 것을 알아 낸다. 혼란에 빠진 제이슨은 자신의 정체성을 찾기 위해 ⑦미국 이름으로 된 여권을 가지고 미국 대사관을 찾아가 보지만 ⑧오히려 자신이 경찰과 군인들로부터 ⑨추적을 당하고 있다는 사실을 알게 된다. 제이슨 본은 ⑩자신의 과거를 알아내기 위해 우연히 대사관에서 만난 마리와 함께 ⑨추적을 피하면서 파리로 떠난다. 하지만 경찰뿐만 아니라 베일에 싸인 거대조직도 ⑨추적에 가세했고 그 과정에서 제이슨은 마리를 잃게 된다.

기억의 파편과 단서들을 퍼즐처럼 하나 하나 맞춰 가던 제이슨은 자신이 국방부 산하 비밀요원 양성소인 블랙브라이어라는 극비 조직 출신이고 현재 러시아 의원 부부의 피살 사건에 연루되어 있으며 그 배후에는 ⑪CIA 자금횡령의 음모가 숨겨져 있음을 알아낸다. 블랙브라이어의 수장 바이어는 자신의 조직을 폭로시켰을 뿐만 아니라 모든 내막을 다 알고 있는 ⑫눈의 가시 제이슨 본을 제거하기 위해 본격적으로 움직이기 시작한다. 또한 극비리에 추진 중이던 ⑬아웃컴 프로그램에도 차질이 생기자 증거 인멸을 위해 블랙 브라이어 관계자들을 하나 둘씩 제거하는데 거기에는 아웃컴 프로그램을 ⑭통해 육성해 낸 최정예 요원, 에본 크로스도 포함되⑮었다. 하지만 ⑯죽은 줄만 알았던 에론 크로스를 제이슨 본이 구해⑰냈고 거대한 음모에 맞선 둘의 목숨 건 반격이 시작되는데……

첫째, 내용 전달에서 오해의 여지가 있는 표현들이 눈에 띈다.

①총상을 입은 채 : 섬에서 총상을 입은 것인지, 총상을 입고 섬에 떠밀려 간 것인지 알 수 없다.

⑨추적과 추격 : '추적'은 뒤를 밟아서 쫓는 것이고 '추격'은 뒤쫓아 가면서 공격하는 것이다. 이 글에서는 '추적'과 '추격'이 함께 나오고 있는데 정황을 보면 공격을 당하는 상황으로 보인다. 그렇다면 모두

'추격'으로 통일하는 것이 좋다.

⑩자신의 과거를 알아내기 위해 : 과거를 알아내기 위해 대사관에서 마리를 만난 것인지, 과거를 알아내기 위해 파리로 떠난 것인지 불분명하다. '우연히' 대사관에서 마리를 만났다고 부사 수식을 넣어 주었으므로 과거를 알아내기 위해 파리로 떠난 것으로 보이는데 그렇다면 '자신의 과거를 알아내기 위해'의 위치가 적절한지 생각해 볼 필요가 있다.

⑪CIA 자금횡령의 음모 : 누가 자금을 횡령하는지 불분명하다. CIA가 자금을 횡령하는 것일 수도, 누군가 다른 사람이 CIA 자금을 횡령한 것일 수도 있다.

⑬아웃컴 프로그램 : 내용이 복잡한 마지막 문단에서 갑자기 등장한 용어이다. '극비리에 추진 중이던'이라는 수식어가 붙은 것으로 보아 블랙브라이어 조직에서 시행한 프로그램으로 판단된다. 아웃컴 프로그램이 처음 등장하는 부분에서 설명이 나오면 좋겠다. 그래야 아웃컴 프로그램에 차질이 생겼을 때 블랙브라이어 관계자들을 죽이는 이유도 납득할 수 있다.

⑯죽은 줄만 알았던 : 누가 안 것인가? 주체가 불분명하다. '모두들 죽었다고 생각했던' 정도의 의미가 아닐까?

둘째, 현장감 있는 이야기 전개를 위해 현재형을 사용하는데 다음 부분에서 과거형이 등장해 통일감이 깨진다.

스위스 은행으로 찾아⑤갔고

추격에 가세⑨했고

에본 크로스도 포함되⑮었다

제이슨 본이 구해⑰냈고

모두 영화가 진행되면서 일어나는 사건들이므로 현재형으로 고칠 수 있다.

셋째, 부자연스럽고 어색한 표현이 있다.

②<u>구조 당한</u> : '구조된'이 보다 일반적인 표현이다. '~당한'은 원치 않는 강제 상황, 예를 들어 '납치 당한' '해고 당한' '거절 당한' 등에 주로 쓰이는데 이와 달리 구조는 간절히 원하는 행동일 가능성이 크다.

⑦<u>미국 이름으로 된</u> 여권을 가지고 : '미국 이름으로 된 여권'은 무슨 뜻일까? '미국 여권'과 다른 점이 없어 보인다.

넷째, 줄이거나 없애는 게 나을 군더더기 표현이 있다.

기억상실증으로 ③<u>인해</u> : '기억상실증으로'라고 고쳐도 충분히 전달 가능하다.

가명을 ⑥<u>가지고 있다</u>는 : '가지다'는 군더더기 표현이다. '가명이 있다'면 충분하다.

아웃컴 프로그램을 ⑭통해 육성해 낸 최정예 요원 : '통해'를 빼고 '아웃컴 프로그램으로 육성해 낸'이라고 써도 동일한 의미가 전달된다.

다섯째, 적절하지 않은 부사들이 있다

④결국 : 스위스 은행에 찾아가는 것은 제이슨 본이 처음으로 하는 행동이다. 거기에 '결국'이라는 부사는 적절하지 않다.

⑧오히려 : '오히려'는 예상, 짐작, 기대와 반대되는 상황에 쓰이는 부사이다. 글쓴이는 이 부사를 통해 '대사관이 도움을 주리라 예상했지만 그러기는커녕'이라는 의미를 전달하려는 듯하다. 하지만 독자들이 그렇게 읽어내기는 쉽지 않아 보인다.

여섯째, 맞춤법 오류가 있다.

⑫눈의 가시 : '눈엣가시'가 맞는 표현이다. 맞춤법 표기는 틀렸지만 이런 관용 표현을 찾아내 집어 넣은 것은 훌륭하다.

이상의 단점들을 보완해 수정한 텍스트는 다음과 같다.

〈감수본〉
총상을 입은 채 이탈리아의 어부들에게 구조된 한 남자. 가까스로 목숨은 건졌지만 기억상실증으로 자신의 과거를 전혀 알지 못한다. 단서라곤 살 속에 숨겨진 스위스 은행 계좌번호와 등에 입은 총상뿐.

유일한 실마리인 스위스 은행으로 찾아간 그는 자신이 제이슨 본이라는 이름으로 파리에 살았으며 그 외 가명도 여러 개 있음을 알게 된다.

혼란에 빠진 제이슨은 일단 미국 여권을 들고 미국 대사관을 찾아가지만 뜻밖에 경찰과 군인들의 추격을 당한다. 대사관에서 우연히 만난 마리와 함께 그는 추격을 피해 파리로 떠난다. 그곳에서 자신의 과거를 알아내려 한 것이다. 하지만 경찰뿐 아니라 베일에 싸인 거대 조직까지 추격에 가세하면서 제이슨은 마리를 잃고 만다.

기억의 파편과 단서들을 퍼즐처럼 하나하나 맞춰 가던 제이슨은 자신이 미 국방부 산하 비밀요원 양성소인 블랙브라이어라는 극비 조직 출신이고 러시아 의원 부부의 피살 사건에 연루되었으며 그 배후에는 CIA의 자금횡령 음모가 숨어 있음을 알아낸다. 극비 조직의 정체를 폭로한 데다가 모든 내막을 알고 있는 그를 블랙브라이어의 수장 바이어는 눈엣가시로 여겨 제거하고자 한다. 또한 조직에서 비밀리에 추진하던 아웃컴 프로그램에 차질이 생기자 증거 인멸을 위해 관계자들을 하나 둘씩 없애는데 그 중에는 아웃컴 프로그램으로 육성된 최정예 요원, 에론 크로스도 있다. 죽음 직전에 제이슨 본에게 구출된 에론 크로스는 제이슨과 함께 거대한 음모에 맞서 목숨을 건 반격에 나서는데……

단락별로 학생글과 수정글을 비교하면 위에 설명한 것 외에도 바꾼 부분들이 있다. 꼼꼼히 살펴보고 왜 바뀌었는지, 꼭 바꿔야 했는지 생각해 보면 좋겠다. 추가로 더 바꾸고 싶은 부분을 찾아도 좋다. 이 모두가 감수 훈련이 된다.

상황과 수신자를 고려한 글쓰기와 말하기

앞선 연습들에서 이미 여러 차례 하나의 정답은 없다고 언급했다. 서로 다른 장단점을 지닌 여러 답이 있을 뿐이다. 언어 사용의 방식은 개인 성향에 따라 크게 달라지기 때문이다. 언어 활동에서 단 하나의 정답이 있다면 그것은 하나뿐인 정답은 없다는 사실이다.

이제부터는 한층 더 정답을 말하기 어려운 영역으로 들어서려 한다. 지금까지 한국어의 골격을 갖추었다면 이제 그 위에 다양한 옷을 입혀 본다고나 할까. 같은 내용이라 해도 어떤 상황, 어떤 수신자를 고려하느냐에 따라 결과물은 완전히 달라질 수밖에 없다.

외국어를 처음 배울 때는 특정 외국어 단어를 늘 같은 한국어 단어로 바꾸게 된다. 중국어 단어 '合作'은 '협력'이라 배우고 예외 없이 '협력'이라 옮긴다. 혹시라도 '합작'이라고 하면 선생님께 꾸중을 듣기도 한다. 하지만 다음 단계로 올라가게 되면 '合作企業(투자비율이 아닌 계약에 의해 경영권과 이익 배분을 결정하는 기업)'처럼 한자음 그대로 옮겨 주는 것이 오해를 최소화할 수 있음을 알게 된다.

한 언어의 단어 A를 항상 다른 언어의 단어 A1으로 옮겨야 한다는 공식은 존재할 수도 없고, 존재해서도 안 된다. 수신자와 목적, 분야가 달라지면 얼마든지 A2, A3, A4가 가능하다. 심지어 옮기지 않고 그냥 A로 남겨두는 경우도 있다. 수신자가 해당 분야 전문가일 때 그렇다. 이미 원문 단어 A 그대로 사용하고 있는 전문가들에게 낯선 A1을 제시한다면 오히려 소통에 방해가 되고 만다. 영어 단어 eco를 예로 들면 친환경, 환경친화, 생태, 더 나아가 에코로도 옮길 수 있다.

　때로는 통번역을 의뢰하는 측에서 어떤 상황에서 어떤 목적에 따라 누구를 위해 이루어지는 통번역인지 정보를 주는 경우도 있다. 그러면 상황과 수신자 분석에서 부담을 훨씬 덜게 된다. 다만 아직은 이런 경우가 그리 많지 않고 때로는 구체적 상황을 물어 보아도 제대로 대답을 얻을 수 없는 것이 현실이다. 따라서 현장에서 어떤 상황과 수신자를 만나더라도 당황하지 않고 대처할 수 있도록 준비하는 일이 중요하다.

다양한 목적과 기능의 자료 접하고 익히기

다 같은 한국어라 해도 자료의 목적과 기능에 따라 표현 형태는 완전히 달라진다. 자기 앞에 놓인 텍스트가 정부 간 회의 공동합의문인지, 기업의 제품 브로슈어인지, 관광 안내문인지를 인지하고 변별하는 능력은 매우 중요하다. 다음의 자료를 보면서 그 종류와 출처를 한번 생각해 보자.

A. 배우 김한류의 중국발 인기가 심상치 않다. 중국 내 인기의 바로미터인 SNS 팔로워 숫자가 천만 명을 돌파하는가 하면 중국으로부터의 러브콜이 끊이지 않고 있다.

김한류는 지난 1월 18일 웨이보 계정을 열고 중국 팬들과 꾸준히 소통 중이다. 드라마 '별에서 온 남자친구'의 중국 현지 인기를 이끌고 있는 남자 주인공인 만큼 김한류를 향한 관심도 점차 뜨거워지고 있다.

B. 한류의 세계적 진흥과 학술교류 도모를 목적으로 세계한류학회의 뉴스레터가 창간된 것을 진심으로 축하드립니다.

아시는 바와 같이, 세계한류학회는 창립 1주년 만에 전 세계적으로 19개의 지부를 두고, 각국에서 진행되는 한류의 다양한 내용을 분석하고 서로가 소통할 수 있는 장을 마련하여 '지속 가능한 한류'를 이룰 수 있도록 많은 노력을 하고 있습니다.

또한 세계한류학회는 전 세계 대학생과 대학원생들을 대상으로 하는 한류 에세이, 한류 논문 콘테스트, 국제한류학술대회 등을 개최하여, 우리 문화를 세계인들이 자발적으로 논의할 수 있도록 하는 창구 역할도 하고 있습니다.

C.

Ⅰ. 국내 한류 동향

Ⅱ. 권역별 한류 동향 _ 아시아

Ⅲ. 권역별 한류 동향 _ 미주

Ⅳ. 권역별 한류 동향 _ 유럽

Ⅴ. 권역별 한류 동향_ 기타

A는 2015년 2월 인터넷 연예신문의 기사 일부를 재구성한 것이고 B는 문화체육관광부 장관이 세계한류학회 뉴스레터 발간을 축하하는 2014년 4월의 메시지이며 C는 문화체육관광부에서 2015년 2월에

게시한 '글로벌 한류 동향'이라는 보고서의 목차 부분이다.

위의 A, B, C를 보고 신문기사, 인사말, 보고서 정도로 텍스트들을 구별할 수 있는 사람이라면 이미 텍스트 파악 능력의 기초가 갖춰진 셈이다. 텍스트 종류를 파악하는 것이 왜 중요할까? 텍스트 종류에 따라 문장 길이, 표현 수준, 전문용어 사용 빈도 등 여러 특성이 좌우되기 때문이다. 어떤 종류의 텍스트이고, 어떤 목적으로 작성되었고, 어떻게 재표현이 가능할지 구분하는 변별 능력은 이후 통번역을 수행할 수준의 한국어를 갖추는 첫 걸음이다.

A, B, C 세 텍스트의 차이는 무엇일까? 일단 종결어미의 차이가 눈에 띈다. A 텍스트는 평어체이고 B 텍스트는 하십시오체이며 C 텍스트는 종결어미가 아예 없다. 문장 혹은 표현의 길이는 B가 가장 길고 A가 중간이며 C는 제목 형태여서 가장 짧다. B는 사회지도층의 인사말로 다양한 수식어가 들어가 축하와 찬사의 마음을 전하고 있다. B에 비해 A는 훨씬 간결하다. 신문기사에서는 다수의 독자가 쉽게 정보를 받아들이도록 하기 위해 표현을 정제한다. C는 한층 더 간결하다. 전체 구조를 보여 주는 목차 부분이라 더욱 그렇겠지만 서술어는 물론이고 조사까지 생략해 명사만으로 정보를 압축했다. 이러한 차이를 자신이 만드는 한국어 텍스트에 반영할 수 있어야 한다.

이 같은 능력을 키우기 위해서는 일단 주변의 텍스트들에 관심을 가질 필요가 있다. 어떤 텍스트든 좋다. 식품 포장의 성분표도, 동네 마트 전단지도, 매일 접하는 신문이나 TV 뉴스도, 시사 주간지나 잡지도, 심지어 지하철에 붙은 광고문에 이르기까지 모든 텍스트가 훌륭한 학습도구이다. 어떤 어휘와 문장을 사용하는지, 다른 종류 텍스트와의 차이점은 무엇인지 살피고 머릿속에 정리해 두는 것이다.

일상 속의 자료에서 더 나아가 공공기관의 뉴스레터, 연구기관의 보고서 등도 어렵지 않게 구할 수 있다. 이들 전문 연구기관의 텍스트를 이해하고 활용하는 연습은 자신에게 익숙한 자료의 범위를 대폭 늘려 준다.

다양한 자료를 활용하여 앞에서 소개한 괄호 속 내용 채우기, 바꿔 말하기와 바꿔 쓰기, 요약 등 여러 연습을 해볼 수 있다. 그와 동시에 텍스트의 출처, 유형, 목적, 활용 방법 등에 대해 생각해 보라. 이 과정을 거치고 나면 텍스트 유형별 차이를 파악하고 실제로 텍스트를 만들 때 반영할 수 있게 된다.

격식 있는 연설문이나 특정 분야의 최신 정보가 담긴 보고서가 필요하다면 다음과 같은 기관의 홈페이지를 활용해 봐도 좋겠다. 청와대, 외교부, 국립외교원 등 정부 부처 홈페이지, 각국 대사관 홈페이지, 무역협회, 상공회의소 등 경제단체 홈페이지, 대외경제정책연구원, 산업연구원 등 국책연구소 홈페이지, 한국고등교육재단, 아산정책연구원 등 민간 연구기관의 홈페이지를 방문해 보자.

이들 홈페이지에는 축사 같은 가벼운 연설문에서 특정 주제 회의의 PPT 자료가 있는 것은 물론이고 발표와 질의응답을 모두 녹화해 둔 회의 동영상까지 나오기도 한다. 시간 날 때 여러 기관의 홈페이지를 산책하듯 둘러 보고 필요한 곳을 즐겨찾기에 저장해 두면 최신 정보를 계속 업데이트할 수 있다.

각 방송사의 웹사이트를 활용하면 뜨거운 토론의 현장에 동참할 수 있다. KBS의 '생방송 심야토론', MBC의 '100분 토론', SBS의 '토론 공감' 등이 모두 공식 홈페이지를 운영한다. 이들 홈페이지에서는 토론 프로그램의 원고까지 제공하고 있으니 금상첨화이다.

여러 전문 분야의
개념과 핵심 쟁점 접하기

다음은 일간지에 게재된 기고문의 일부이다. 찬찬히 읽어 보라.

전 세계적으로 매년 새롭게 합성되는 화학물질은 500만 종에 이른다고 한다. 이 중 선진국을 중심으로 2000여 종을 상품화해 유통시키는데 국내로도 다양한 신규 물질이 수입되고 있다. 특히 해외에서 개발된 이름도 모르는 유해물질이 우리 국민의 생활 속으로 들어오고 있을 수도 있다. 우리는 이러한 물질이 무엇이며 이 물질이 과연 유해 우려는 없는 것인지를 확인할 필요가 있다.

유해 정보를 알고 시장에 화학물질을 유통·공유하자는 'No Data, No Market' 원칙은 화학물질의 국제 교역시장에서 공고화된 원칙이다. 화평법(化評法)은 이러한 배경에서 태어났다. 외국으로 수출하는 기업들은 수입국의 등록·신고 등의 화학규제를 피할 수 없게 된다.

2006년 7월 유럽연합이 회원국에 곧바로 적용되는 신화학물질관리 제도를 도입했던 것이 그 예다. 화평법 시행은 그때부터 준비를 시작한 지 꼬박 9년여 만에 결실을 보게 된 것이다.

산업계는 법 시행 전부터 제도 이행 준비에 분주하다. 기업 내 관리 물질들이 화평법 이행 대상에 해당하는지를 검토하고 등록신청 시 제출해야 하는 화학물질의 용도, 노출정보, 시험자료를 준비함에 부담이 적지 않다.

자, 어떤가? 한국어 텍스트지만 무슨 소리를 하는 건지 잘 모르겠다는 생각이 드는가? 전문가가 쓴 글이지만 신문에 실렸으므로 문장과 표현은 이해하기 어렵지 않다. 문제는 내용이다. 내용 이해를 위해 필요한 사항을 정리해 보면 다음과 같다.

① 신규물질이란 무엇인가? 무엇 때문에 필요한 개념인가?

② 유해 화학물질은 어떤 것인가? 대표적인 것 혹은 최근에 특히 이슈가 되고 있는 것은 무엇인가?

③ No Data, No Market은 무슨 뜻인가?

④ 화평법은 어떤 법인가? 어떤 명칭의 줄임말인가? 산업계에 어떤 영향을 미치게 되는가?

⑤ '노출 정보'와 '시험자료'는 무엇을 말하나?

이쯤 되면 한국어 공부가 어휘와 표현을 알고 문장을 만들며 논리적 텍스트를 구성하는 데 그치지 않는다는 점이 드러난다. 통번역을 준비하는 차원의 한국어는 물론이거니와 내가 모르는 분야에 관심과 전문적 식견을 가진 사람과 소통하기 위한 한국어에서도 내용에 대한 이해가 필요하다.

각 분야에서 사용되는 개념어와 핵심 쟁점을 이해하려면 그 분야의 전반적인 그림을 그릴 수 있어야 한다. 위 글에 등장한 '노출'은 사진 촬영에서의 '노출'과 다르고, 영화 속 '노출' 연기와도 그 의미가 다르다. 즉 '노출'이라는 동일한 단어지만 그 용도와 의미가 완전히 달라진다. 친구의 돈가스가 내 것보다 1cm 더 큰 것은 별 문제가 아니겠지만, 정밀 측정이 필요한 분야에서 1cm는 일상 생활 속 1m만큼이나 거대한 차이이다.

통번역을 준비하는 과정에서 범하기 쉬운 실수가 바로 개념 이해는 접어 둔 채 포털 사이트를 검색해 대응어만 찾아 외운 후 외국어 단어는 한국어 대응어로, 한국어 단어는 외국어 대응어로 기계적으로 옮기는 것이다. 포털 사이트에 세상의 모든 지식이 있다거나 개념 이해 없이 어휘만 옮기면 통번역이 된다고 생각해서는 큰 오산이다. 특정 주제의 통번역을 맡게 되면 그 주제에 친숙해지기 위한 노력이 필요하다. 그 주제가 언제부터 대두되어 논의되었는지, 우리나라가 그 주제에 관심을 갖는 이유는 무엇인지, 정부 부처 중 해당 업무를 주관하는 곳은 어디인지, 기업 차원의 대응은 어떠한지, 그 주제와 관련해 우리나라가 세계에서 차지하는 지위는 어느 정도이며 향후 지향하는 바는 어디인지 등을 확인하면서 말이다.

해당 주제에 특화된 전문기관은 양질의 정보가 가득한 보고이다. 국책 연구기관의 홈페이지는 회원 가입만 하면 많은 자료에 무료 접근이 가능하다. 전문기관의 보고서를 살펴 보는 것만으로도 특정 주제의 큰 그림을 이해하는 데 도움이 된다. 이런 보고서를 꼼꼼히 다 읽어야 한다는 의미는 아니다. 목차를 통해 대략적인 내용을 파악한 후 관심 있는 부분만 읽어도 좋다. 혹시 그 부분과 유사한 내용이 신문기사로 실렸다면 비교해 보는 것도 좋다. 기관의 입장, 겨냥하는 독자, 부각시키는 정보 등이 어떻게 다른지 살펴 볼 기회이다. 또한 포털 사이트를 검색하더라도 제일 먼저 나오는 결과가 아니라 더 신뢰할 만한 출처의 정보를 선별하는 정도의 노력은 기울여야 한다.

개념과 핵심 쟁점 잡아내기 연습을 해보자. 주제는 무엇이든 좋다. 일단 한류로 정해 보겠다. 화학 유해물질보다는 상대적으로 전문성이 덜 요구되는 친근한 분야이다. 우선 한류 관련 신문기사들을 검색해 읽어 본다. 연예인, 드라마, 영화 소식 외에 문화체육관광부의 지원 방향에 대한 보도가 보인다. 한류와 문화부의 관계가 밀접한 듯해 이번에는 문화부 홈페이지로 가 본다. 두리번거리니 관련 기관 링크가 보인다. 연결된 기관들 중 '한국콘텐츠진흥원'에 가 본다. 기관 행사 뉴스에 한류 관련 소식이 많다. 개회사, 축사, 기조 강연, 발표문 등 자료도 여럿이다. 한류가 왜 중요한지, 이 분야의 쟁점은 무엇인지 확인할 수 있을 것이다. 마지막으로는 PPT 자료를 바탕으로 말하기를 해볼 수 있다.

전문 분야 공부만으로 충분치 않은 경우도 있다. 지하수 관련 회의에서 벌어진 일이다. 통역사는 물론 지하수와 관련해 자료를 찾고 용어를 익히며 미리 공부를 해 둔 상태였다. 공식 회의에 앞서 대표단들의 환담이 오가던 중에 갑자기 한 참가국 대표가 질문을 던졌다.

"구제역은 요새 좀 어떻습니까?"

지하수를 주제로 한 대화에서 가축 전염병인 구제역이라니 이게 무슨 맥락일까 싶어 통역사는 잠시 머뭇거렸다. 통역이 지체되자 구제역이라는 용어를 모르는 줄 알고 (회의 참석자들이) 일제히 "돼지!"라고 말해 주는 일까지 벌어졌다. 조금 더 환담이 이어진 후에야 통역사는 구제역과 지하수를 연결시킬 수 있었다. 전염병 확산을 막기 위해 도살 매립된 동물 사체로 지하수가 오염될 수 있다는 점을 우려한 질문이었던 것이다.

이렇듯 통역 현장에서는 회의 주제나 자료에서 전혀 언급되지 않은 문제가 예상치 못한 복병으로 등장하는 일이 드물지 않다. 번역과 달리 현장에서 검색하고 생각해 볼 시간적 여유도 없다. 이 때문에 늘 신문과 방송 뉴스를 가까이 해야 할 필요가 있다. 지하수 관련 회의를 위해 한국에 온 외국인 참석자들은 비행기에서든, 호텔에서든 한국의 최신 뉴스를 접했을 것이고 언제 그 최신 뉴스를 화제에 올릴지 모르는 것이다. 그럴 때 통역사 역시 봐 두었던 뉴스라면 금방 대응할 수 있다. 뉴스에서 사용되었던 용어나 표현도 손쉽게 활용 가능하다.

똑같은 뉴스라도 이해 관계와 관심사가 다른 사람들에게는 전혀 다르게 받아 들여진다. 구제역 방지를 위한 가축 도살 매립은 지하수 오염 측면으로 접근할 수도 있지만 동물 권리나 농가 손실 보전, 축산물 수출입 규정 측면 등에서 다뤄지기도 한다. 따라서 뉴스를 여러 각도에서 바라보는 비판적 관점이 필요하다.

수신자 분석하기

어느 통역 상황에서 벌어진 일이다. 아프리카에서 온 귀빈을 위해 영어 통역이 준비되었다. 그런데 알고 보니 그 귀빈의 모국어는 프랑스어였고 영어는 극히 초보적인 수준이었다. 만찬석상에서 주최 측 고위 인사는 "환영하는 마음을 담아 소찬이나마 준비를 해 보았는데 음식은 입에 맞으시는지 모르겠습니다."라고 입을 열었다. 통역사는 귀빈의 영어 실력에 맞춰 단 한 마디로 통역할 수밖에 없었다고 한다. "Good?"

엉터리 통역이라고 생각하는가? 아니, 수신자를 고려한 훌륭한 통역이다. "환영하는 마음을 담아 소찬이나마 준비를 해 보았는데 음식은 입에 맞으시는지 모르겠습니다."라는 주최 측의 말에 담긴 메시지는 ① 이번 만찬을 매우 신경 써서 준비했음을 겸손하게 알리고 ② 귀빈이 오늘 만찬의 음식에 만족하는지 궁금하다는 것이다. 그리고 복잡한 영어로 이 메시지를 이해하기 어려운 귀빈을 위해 통역사는 "Good?"이라는 한 마디로 모든 것을 전달하고자 한 것이다. 이 한 마디는 충분히 여러 의미를 전달했을 것이다. 진심은 말로만 전해지지 않는다는 이야기가 여기서도 유용하다.

언어 소통에는 늘 수신자가 존재한다. 수신자를 고려하지 않은 말과 글은 공허한 외침으로 남기 쉽다. 2단계와 3단계에서 다룬 내용들은 결국 가장 많은 수신자가 가장 적은 노력을 들여 내가 하는 말과 글을 이해하도록 만들기 위한 방법들이었다. 그리고 그 수신자는 머릿속에서 만들어낸 가상의 일반 수신자였다. 이제 수신자의 종류와 특징을 조금 더 구체화해 보자.

병원에서 진료 안내를 하는 간호사, 또는 관공서에서 민원인을 대하는 공무원을 관찰해 보면 마주한 사람이 성인일 때와 노인일 때, 어린이일 때 각기 다른 화법을 사용한다. 통번역을 할 때도 마찬가지이다. 통번역되는 정보를 누가 사용할 것인가에 따라 통역과 번역의 방식도 달라진다.

예를 들어 외국의 기관명, 기업명 또는 신조어를 한국어로 어떻게 옮길지 결정할 때는 반드시 수신자를 고려해야 한다. 누가 수신자이냐에 따라 옮기는 방법이 달라지기 때문이다. 수신자가 전문가 집단이라면 NASA라는 약자를 그대로 옮겨야 의사소통 효율성이 극대화된다. 일반인이라면 일간지에서 표현하는 '미 항공우주국' 또는 '흔히 NASA라고 불리는 미 항공우주국' 정도의 표현이 필요하다. 또한 후

강통이라는 신조어가 등장한다면 전문가를 위해서는 '후강통'으로 옮기고 일반인 수신자를 위해서는 '상하이 증권거래소와 홍콩 증권거래소의 교차거래 제도를 뜻하는 후강통'이라고 한두 차례 설명을 덧붙여 주어야 할 것이다.

한국을 방문한 어느 예술가의 통역을 맡았다고 하자. 그 예술가가 똑같은 말을 하더라도 발언 장소가 전시 기획 회의인지, 관람객과의 만남인지에 따라 통역은 전혀 다르게 나올 수 있다. 전시 관련 전문가들이 모인 기획 회의였다면 전시 혹은 예술 관련 어휘와 표현을 얼마든지 사용할 수 있지만 남녀노소가 섞인 관람객과의 만남 행사였다면 이해 수준이 가장 낮은 사람도 알아 들을 수 있을 정도의 설명이 필요하기 때문이다. 말하는 속도 또한 상대적으로 젊은 전문가들 앞에서는 조금 빨라도 되지만 어린이와 노인이 다수 포함된 관람객 앞에서는 조금 느리게 조정해야 한다.

독자에 따른 번역 방식의 차이를 이해하기 위해 다음의 번역 텍스트를 함께 살펴 보자.

〈번역 1〉 전문가 독자를 대상으로 하는 경우

<u>밀종(密宗)</u>은 당나라 초 서역과 바닷길을 통해 중국으로 전파되어 <u>고무(高武) 시기</u>에 널리 퍼져, <u>개원(開元) 시기</u> 전성기에 도달했다. 개원 시기 3대 승려인 선무외(善無畏), 금강지(金剛智), 불공(不空)은 궁을 드나들며 단을 세우고 경을 논하여 밀종의 전성기를 이끌었다. 수 세

대를 거치는 동안 밀종의 대사들이 다라니경을 지키고, 번역하고, 소개하면서 다라니경 경문은 널리 유행하게 되었다. 비록 <u>회창법난(會昌法難)</u>으로 불교는 타격을 받았지만 밀종의 신앙은 이미 사람들에게 깊이 자리 잡았고, <u>장안</u> 이외의 지역에서도 유행하기 시작했다.

〈번역 2〉 일반 독자를 대상으로 하는 경우

<u>불교 종파인 밀종(密宗)</u>은 <u>당나라(A.D. 618~907) 초</u> 서역과 바닷길을 통해 중국으로 전파되어 <u>영류왕 때인 고무(高武) 시기</u>에 널리 퍼져 <u>현종이 집권했던 개원(開元) 시기</u>에 전성기에 도달했다. 개원 시기 3대 승려인 선무외(善無畏), 금강지(金剛智), 불공(不空)은 궁을 드나들며 단을 세우고 경을 논하여 밀종의 전성기를 이끌었다. 수 세대를 거치는 동안 밀종의 대사들이 다라니경을 지키고, 번역하고, 소개하면서 다라니경 경문은 널리 유행하게 되었다. <u>당 무종(武宗)의 불교 말살정책인</u> 회창법난(會昌法難)으로 불교는 타격을 받았지만 밀종의 신앙은 이미 사람들에게 깊이 자리 잡았고, <u>오늘날의 시안(西安)인 수도 장안(長安)</u> 이외의 지역에서도 유행하기 시작하였다.

　　〈번역 1〉은 예상 독자를 전문가로 설정했고, 〈번역 2〉는 일반 독자를 대상으로 설정한 경우이다. 두 번역의 차이는 밑줄 친 부분에서 나타난다. 〈번역 1〉과 달리 〈번역 2〉에서는 '밀종'을 '불교 종파인 밀종'으로, '고무 시기'와 '개원 시기'라는 연호를 각각 '영류왕 때인 고무

시기'와 '현종이 집권했던 개원 시기'로, '회창법난'을 '당 무종의 불교 말살정책인 회창법난'으로 설명을 넣거나, '장안'이라는 지명을 '오늘날의 시안인 수도 장안'이자 당시 당나라의 수도라고 설명을 넣어 주었다. 당나라 다음에도 당나라의 존속 기간을 괄호 안에 표시해 주었다. 〈번역 1〉 텍스트를 읽을 전문가는 내용을 잘 알고 있을 것이므로 별다른 설명 없이 원문의 내용을 그대로 번역한 반면, 일반인 독자를 염두에 둔 〈번역 2〉 텍스트에서는 설명이 필요할 것이라 판단되는 부분에 내용을 덧붙여 주었다. 〈번역 2〉에서처럼 설명을 본문에 녹여 넣을지, 아니면 전문가 독자를 위한 경우와 똑같이 일반 번역한 후 각주 형태로 설명을 붙일지 역시 고민해야 할 사항이다.

그런데 수신자가 늘 쉽사리 분석되는 것은 아니다. 위 텍스트는 전시 도록에 실린 중국 불교미술 전문가의 논문 일부이다. 전시 도록은 전시 기획 의도, 전시의 학술적 가치 해설, 전시에 포함된 작품 또는 유물의 사진과 크기 정보, 작품별 설명 등이 실린 자료이다. 유물 전시나 미술 전시를 관람하고 감명 받은 후 도록을 사 볼까 하다가 비싼 가격에 포기했던 경험이 혹시 없는가? 전시장 앞에 무료로 비치되는 전시 팸플릿과 달리 도록은 내용도 전문적이고 가격도 비싸다. 그렇다면 일단 전문가 독자가 사서 읽을 가능성이 높다고 판단할 수 있다.

전문가 독자라고 해도 종류는 여러 가지이다. 불교미술 전문가도 있지만 유럽 미술 전문가도, 종교 전문가도 있다. 유럽 미술 전문가

라면 〈번역 2〉에 포함시켰던 부가 설명을 일반인과 똑같이 필요로 할
지도 모른다.

　번역사 자신의 입장에서 이해하기 어렵다고 하여 무조건 전문가
대상 텍스트라고 판단하는 것도 문제이다. 자기가 모르는 분야는 다
어렵게 느껴지는 법이 아닌가. 자칫 잘못하면 불필요한 부가정보로
쓸데없이 양만 늘어난 텍스트가 만들어질 수도 있다.

　가장 이상적인 방법은 전시 기획자와 협의하여 적절한 번역 방식
을 선택하는 것이다. 한 걸음 더 나아간다면 〈번역 1〉과 〈번역 2〉처
럼 두 종류 수신자를 위한 번역 예시를 각각 만들어 담당자에게 보여
주면서 협의할 수도 있다. 문제는 대부분의 번역이 매우 촉박하게 의
뢰되고 작업하는 사이에도 더 서둘러 달라는 메시지가 연달아 도착
하는 상황이라는 데 있다. 결국 번역사는 해당 기관에서 나온 기존의
전시 도록이나 유사한 전시 자료를 확보해 참고하면서 수신자를 파
악하고 그 수신자의 눈높이를 설정하는 방법을 쓰게 된다. 그래도 가
능한 한 전시 기획자와 소통할 방법을 찾아 수신자 분석에 필요한 추
가 정보를 얻는 것이 좋다.

장르에 따른 글쓰기

앞서 다양한 목적과 기능의 자료를 검토하고 익히는 방법에 대해 소개했다. 이제 검토하고 익히는 것을 넘어서 실제 만들어 내는 연습을 해보자. 검토하여 알게 된 특성을 실제 텍스트로 구현하는 것이다. 연설문은 연설문답게, 보고서는 보고서답게, 제품 브로슈어는 제품 브로슈어답게 만들어야 한다. 그러자면 무엇이 각 장르를 그것답게 만드는지에 대한 지속적 고민이 필요하다.

여기서 한 발 더 나아가면 장르를 바꾸는 연습이 가능하다. 가령 연설문을 보고서로, 이야기를 기사로 만들어 볼 수 있다. 이런 연습을 반복하다 보면 장르에 따른 텍스트의 특징이 한층 더 분명해질 것이다.

🔍 연설문을 활용한 연습

연설문은 통번역 교육에서 가장 흔히 쓰이는 자료이다. 그 교육의 목표는 연설문의 구조에 익숙해져 연설문이 나올 때 자신 있게 대처할 수 있고 통번역 텍스트를 연설문답게 산출할 수 있도록 하는 것이다. 이를 바탕으로 통번역사 자신이 연설하는 사람 못지 않은 훌륭한 연설가가 된다면 최상이다.

드라마를 보다 보면 다음에 어떤 장면이 나올지 예측될 때가 있다. 누군가 잘 아는 사람과 이야기를 나눌 때에도 이제 이런 말이 나오려니 예상했던 바로 그 말이 이어지는 경험을 해보았을 것이다. 드라마나 대화 상대에 대한 지식과 경험을 바탕으로 텍스트가 향후 어떻게 흘러 갈 것인지 가늠하는 것이다. 연설문을 접할 때도 이런 예측이 가능하다.

익숙하게 들어온 연설문이 어떻게 흘러 가는지 생각해 보자. 애국조회에서 교장 선생님의 말씀은 국가와 민족에서 시작해 학교 생활에서 주의해야 할 사항에 대한 소소한 당부로 이어지게 마련이다. '끝으로~'라는 표현이 나왔다 해도 결코 끝이 아니라는 점도 중요하다. '마지막으로~' 또는 '아울러~'라는 복병이 튀어 나오며 견디기 힘들 정도로 지루해졌을 때에야 비로소 끝이 난다. 결혼식의 주례사는 어떤가. '만물이 소생하는 봄' 또는 '청명한 가을날' 같은 계절에 '바쁘신 와중에도' 참석해준 하객들에 대한 감사 인사로 시작되어 '건실한 신랑'과 '재원 신부'에 대한 소개, 신랑 신부와 주례와의 인연, 결혼 생활에서 기억하고 지켜야 할 점 등의 내용이 이어진다.

연설문 중 개회사는 어떨까. 대부분의 개회사는 다음과 같이 구성된다.

개 회 사

안녕하십니까? 저는 (소속 기관)에서 (직함)을 맡고 있는 (이름)이라고 합니다. − 자기 소개

먼저 바쁘신 와중에도 귀한 시간을 내어 이번 포럼에 참석해 주신 분들께 감사와 환영의 인사를 드립니다. 이 (지역명)에서 이 포럼이 열리게 된 것을 매우 뜻 깊게 생각합니다. 이 (지역명)은 (회의 주제)와 관련해 역사적 의미가 있는 곳인 동시에 위치적으로도 (회의 주제)의 교두보가 되어야 할 곳입니다. 그야말로 이곳은 (회의 주제)의 역사와 미래가 공존하는 곳이라 할 수 있습니다. − 환영 인사, 개최지 소개

올해는 (회의 주제와 관련된 사건)이 몇 주년 되는 해입니다. 이와 관련해 현재의 상황을 짚어보면 다음과 같습니다. − 시대적 배경, 공간적 배경 및 주변 현황

이 포럼에서는 특히 (회의 주제)의 방향과 과제 모색에 대해 중점적으로 논의하고자 합니다. - 주제 및 의제에 대한 소개

아무쪼록 오늘 포럼이 (회의 주제)에 기여하는 역사적 토론의 장이 되었으면 합니다. - 기대 효과

이번 행사 준비를 위해 애써 주신 주최 측의 노고를 치하합니다. 감사합니다. - 감사 인사

위 사례글 각 단락 뒤에 정리해 두었듯 개회사는 주로 자기 소개, 환영 인사, 개최지 소개, 해당 주제가 직면하고 있는 현황 또는 전망, 주제 및 의제에 대한 소개, 기대 효과와 감사 인사 등의 내용으로 구성된다. 이런 개회사를 몇 개 살펴 보고 나면 개회사가 어떻게 흘러가는지 그림이 그려지고 개회사다운 개회사를 만들 수 있게 된다. 환영사, 기조 강연, 주제 발표 등 다른 종류의 연설문에 대해서도 마찬가지 과정을 거칠 수 있다.

통번역 교육에서 연설문을 많이 활용하는 이유는 무엇일까? 우선 연설문에 대한 통번역 수요가 많기 때문이다. 행사가 열리면 늘 들어가는 것이 개회사, 축사, 격려사 등이므로 그 전형적 흐름을 파악해 두어야 한다. 다음으로는 연설문이 공식적인 한국어의 전형적 사례로서 기존에 익숙하던 일상어를 벗어나는 데 도움을 주기 때문이다.

연설문에 사용되는 어휘, 표현, 문장구조는 일상적 수준의 말이나 글과는 상당히 다르다. 연설문 형태를 자유자재로 산출할 수 있다면 공식석상에 어울리는 한국어 능력이 갖춰지는 셈이다.

연설문을 보고서로 요약하기

장르를 바꾸는 연습 중 하나로 연설문을 보고서로 만들 수 있다. 행사에서의 발언 내용을 보고서로 작성한다고 가정해 보자. 그러려면 우선 보고서 양식을 알아야 한다. 앞서 소개한 정부 산하 연구기관의 홈페이지를 비롯해 인터넷 곳곳에서 보고서 양식을 찾을 수 있다. 기관별로 원하는 보고서 양식이 다를 수 있으니 그것도 확인해 보면 좋다.

가장 일반적인 형태의 행사 관련 보고서 서식을 보자.

한중 (주제명) 국제세미나 개최(안)

□ 목적

• (국가명)의 (주제어)을 주도하고 있는 (담당 기관명)의 책임자와 국내 관련 전문가를 초청하여, 최근 중국의 (주제어)의 변화를 정확히 파악하고, 중국 투자 기업의 대응 방안을 제시

□ 배경

• 2006년 (법률명)을 시작으로 일련의 관련 법률이 제정되면서, 기업의 (주제어) 관리에도 어려움이 증대

— 2011년에는 (주제 관련법)이 시행되고, 주제 관련 조례가 통과될 예정

— 중국 진출 한국 기업은 약 40,000여개 이상이며, 동남부 연해지역의 중소 규모의 기업으로 (주제)의 변화에 민감하게 반응

• 2008년 올림픽 이후 중국 내 (주제 관련 현상)이 증가하는 등 (주제 관련 환경)이 과거와는 확연히 다른 양상으로 전개

□ 세미나 개요

• 주제: 중국 주제 환경 변화와 기업 대응 전략

• 일시:

• 장소:

□ 기대 효과

• (주제 관련) 담당부서장 및 국내 중국 (주제 전문가)의 발제를 통해 향후 중국 (주제) 변화를 전망하고, 기업의 대응방향 설정에 정보제공

— 주요 법률의 시행상황을 점검하고, (주제 관련법), (주제 관련 조례) 등 최신 입법 동향 소개

• 중국 진출 기업의 현황 및 애로사항을 중국 대표단에 전달하는 동시에 중국 투자 기업 (주제)에 대한 대화 창구 마련

(주제명) 부분에 기업, 노동, 금융, 산업 등 여러 용어를 바꿔 넣

을 수 있다. 특정 주제가 들어 가면 거기 맞추어 나머지 내용이 채워질 것이다. 대부분의 행사 안내 또는 행사 후 정리 보고서에는 행사의 개최 취지와 배경(국내외 법률/행정/산업 측면의 변화, 이 같은 변화가 한국에 미치는 영향 등), 행사 개요(주제, 일시, 장소, 일정 등), 기대 효과 등이 포함된다. 일상적으로 쉽게 접할 수 있는 자료는 아니므로 익숙해질 필요가 있다.

이제 실제 연습에 들어가 보자. 연설문을 보고서로 바꾸는 과정에는 필연적으로 요약이 들어간다. 중요한 부분에 밑줄을 치고 앞서 3단계에서 했듯 제목과 핵심 내용을 기록하는 것도 도움이 될 것이다. 다음 행사 개회사 연설문을 보면서 그 내용을 어떻게 효과적으로 전달할 수 있을지 생각해 보자.

청명한 가을, 한국과 중국의 문화예술계 인사들이 머리를 맞대고 상호 교류의 물꼬를 트는 자리에 여러분을 모시게 돼 무척 영광입니다. 직접 포럼에 참가하는 발제 및 토론자 여러분, 그리고 주한 중국 대사님을 비롯한 국내외 귀빈 여러분, 금쪽같은 시간을 내어 주시어 감사합니다.

저희 (기관)이 (정부부처)의 후원으로 마련한 '2014 (주제명) 포럼'은 한국과 중국의 공연예술 관계자 및 정책가들이 광범위하게 교류하는, 근래에 보기 드문 자리입니다.

저는 지난해 이맘 때 저희 기관이 주관하는 '(행사명)'을 열면서 '주빈국' 프로그램을 떠올렸고, 그 첫 번째 대상국으로 중국을 선정하기로 마음 먹었습니다. 이런 저의 기획에 문화체육관광부도 선뜻 동의했고, 같은 나이의 친구인 (기관명, 기관장, 사람 이름)이 박수로 화답해 오늘의 이 자리가 꽃을 피울 수 있게 됐습니다.

한국에서 중국 문화의 특성을 이를 때 그 하나로 '만만디(慢慢的)'를 꼽습니다. 매사에 여유롭고 느리다는 뜻인데, 한국의 '빨리 빨리' 문화와 대비해서 많이 쓰지요. 그런데 이번 '(행사명)'을 준비한 과정을 돌이켜 보면, 중국 파트너인 (기관명)이 포럼 주제와 단체, 인물 선정 시 한국식 '빨리 빨리' 문화에 잘 호응해 주어 일은 일사천리로 진행됐습니다. 그것도 아주 매끄럽게 말이지요. 상대방에 대한 배려의 결과라고밖에 설명할 길이 없겠습니다.

덕분에, '(행사명)'은 올해 10주년을 맞이한 '(부대행사명)'의 프로그램과 적절히 엮이면서 서로 시너지를 내는 멋진 프로젝트로 꾸밀 수 있었습니다. 이 행사의 주빈국인 중국의 참여로 10주년이 더욱 빛나면서, 다음 10년을 준비하는 힘을 얻게 된 것이지요. 더불어 이 행사에 참여한 모든 이들은 한국과 중국의 문화예술 정책과 교류 현장에 대한 폭넓은 이해라는 선물 꾸러미를 받게 됐습니다.

친애하는 귀빈 여러분!

지난 세기를 지배한 서구 학자들은 이미 21세기는 '아시아의 시대'라고 힘주어 예견했습니다. 이 예견이 현실화하는 과정을 한국과 중국의 제반 분야에서 지금 우리는 생생하게 목도하고 있습니다. 과학과 기술 문명이 먼저 치고 나가고 있다면, 다음 차례는 정신문명의 꽃인 문화예술입니다. 수천 년의 찬란한 문화예술을 이어 온 한국과 중국이 손을 맞잡고 교류를 확장한다면 아시아의 시대도 성큼 우리 앞에 다가올 것입니다.

다시 한 번, 주빈국으로서 '(행사명)'과 '(부대행사명)'에 참여한 중국의 귀빈 여러분께 감사드리며, 한국에서 즐거운 추억을 많이 만드시고 돌아가시길 기원합니다. 감사합니다.

무엇을 위한 행사인지, 누가 참석했는지, 후원 기관은 어디인지, 기대 효과는 무엇인지 등이 소개되어 있다. 이제 이것을 보고 서로 요약하면 된다. 보고서를 만드는 목적이 무엇인지 알 수 있다면 도움이 될 것이다.

가령, 한중 문화 교류 관련 국제회의를 준비하는 과정에서 과거 2014년의 행사 개요를 파악해 벤치마킹하려는 목적이라고 해 보자. 그렇다면 다음과 같은 보고서를 작성할 수 있다.

(기관명) 주최 '2014 (주제명) 포럼' 개요

▢ 목적
• 한중 문화예술계 상호 교류 모색
▢ 기획 배경 및 추진 과정

- 2013년 주최기관 행사 개최 시 주빈국 행사 구상, 당시 참석했던 중국 관련 (   ) 기관 기관장 동의 하에 추진
- 양국 문화 차에도 불구 상대방 배려하며 신속하고 원활하게 준비

□ 포럼 개요

- 주제:
- 일시:
- 장소:
- 후원: 정부 부처
- 발표자 및 발제자: 한국과 중국의 공연예술 관계자 및 정책가
- 참석자: 주한 중국 대사 및 국내외 귀빈

□ 기대효과

- 문화예술 정책과 교류 현장에 대한 이해 확대

□ 행사 소개

- 본행사와 부대행사로 구성

□ 전망

- 지난 세기 서구 학자들 21세기 '아시아의 시대'라 예견.
- 한중 제반 분야에서 이 예견 현실화되고 있음.
- 과학과 기술 문명이 먼저, 문화예술이 뒤이음.
- 수천 년 문화예술 역사 지닌 한중 교류 확장 시 아시아 시대 도래할 것.

□ 마무리 발언

- 주빈국 중국에 감사
- 남은 일정 순조로운 완수 기원

보고서가 만들어지면 전체 내용이 누락 없이 전달되면서도 불필요한 중복은 없는지에 초점을 맞추어 검토한다.

🔍 동화를 방송 뉴스와 신문기사로 써 보기

이번에는 조금 더 재미있는 연습이다. 장르를 대폭 바꿔 보는 것이다. 동화 빨간 모자를 보도문 형태로 만들어 보자. 방송 뉴스인지 신문기사인지에 따라 서로 다른 보도문 형태가 나온다.

학생들이 만든 두 종류 텍스트를 앞부분만 소개하면 다음과 같다.

〈방송 뉴스〉

최근 한 소녀와 할머니, 그리고 이웃이 힘을 합쳐 늑대를 물리친 소식이 화제입니다. 빨간 모자 양은 엄마 심부름으로 할머니 댁에 가는 길이었습니다. 그러다 숲 속에서 마주친 늑대에게서 할머니에게 꽃을 선물하면 좋겠다는 얘기를 듣게 됩니다. 늑대는 할머니 집으로 먼저 달려가 손녀의 목소리를 흉내 내 할머니가 문을 열게 한 후 할머니를 잡아 먹었습니다. 이어 빨간모자 양을 기다렸다가 잡아 먹는 치

밀함을 보였습니다. 이대로 묻힐 것만 같던 사건이 해결된 것은 마침 그곳을 지나던 사냥꾼 덕분이었습니다…….

〈신문기사〉

늑대(30. 가명)는 지난 2일, 할머니 백모(67) 씨 병문안을 가던 빨간 모자(15. 가명)에게 할머니에게 꽃을 꺾어 드리라고 조언하는 척 하며 접근하였다. 빨간 모자의 주의를 돌리는 데 성공한 늑대는 빨간 모자가 꽃을 꺾는 틈을 타 백모 씨의 집으로 갔다…….

방송 뉴스에서는 우선 전체 내용을 요약 제시한 첫 문장이 눈에 띈다. 실제로 많은 방송 뉴스가 이렇게 시작된다. 또한 하십시오체로 종결어미를 통일한 것도 생동감을 준다. 한편 신문기사에서는 각 인물의 나이를 괄호 안에 표기한 것, 할머니의 이름을 '백모 씨'로 쓴 것이 흥미롭다. 종결어미는 대부분의 기사에서 그렇듯 평어체를 사용했다. 지금까지 접해 왔던 보도문의 특징을 최대한 반영하고자 노력한 것이다. 어쩌면 보도문을 쓰기 위해 지금까지 무심하게 보아 넘겼던 방송 뉴스와 신문기사를 다시 주의 깊게 살펴 보았을 수도 있다. 그리고 이를 통해 보도문을 보도문답게 쓰는 능력을 갖추게 된다.

🔍 글자 수 제한에 맞춰 줄이기

이번에는 긴 문장을 정해진 글자 수 이하로 간략하게 줄여 써 보는 연습이다. 텍스트 전체 혹은 단락 하나를 요약해 말하거나 쓰는 것과는 조금 형태가 다르다. 텍스트 전체나 단락을 요약할 때는 내용의 일부를 추출해내거나 혹은 언급되고 있는 세부 사항 여러 가지를 하나로 아우를 수 있는 표현을 찾아내야 한다. 예를 들어 '한 가정 내에서도 세탁기, 냉장고, 에어컨, TV 등으로 막대한 전기를 소비한다'는 문장을 '한 가정 내에서도 여러 가전제품이 사용되어 막대한 전기를 소비한다'로 바꾸는 식이다. 하지만 문장을 간략하게 줄여 쓰는 경우 세부 사항은 그대로 두고 다른 문장성분들을 조절하여 '세탁기, 냉장고, 에어컨, TV 사용으로 가정 내 전기 소비가 많다'와 같이 글자 수를 줄이게 된다.

이런 연습이 필요한 이유는 무엇일까? 영상물의 시대가 된 지금 통번역에서도 영상물의 비중이 날로 커지고 다양한 분야에서 영상번역의 수요가 급증하는 추세이다. 그런데 영상 번역의 핵심이 바로 '축약의 미학'이다. 한 화면 안에 들어갈 수 있는 글자 수가 제한되어 있기 때문이다. 영상 번역은 곧 '글자 수와의 전쟁'과 다름 없다. 조사 하나를 어떻게 바꿔 넣어 전체 글자 수를 줄일 것인지 하는 고민이 끊임 없이 이어진다. 따라서 문장의 의미를 크게 훼손하지 않는 범위에서 간략하게 줄여 써 보는 연습은 영상 번역을 위한 좋은 준비가 된다.

연습을 진행하는 방식은 다음과 같다.

① TV 대담 프로그램을 하나 선택한다.
② 자막 입력 프로그램을 사용하거나 문서 작성 프로그램에서 좌우 여백을 일정 글자 수(예를 들어 TV 자막의 경우 공백 포함 16자)에 맞춘다.
③ 출연자의 발언 내용을 자막으로 처리해 본다. 긴 발언의 경우 두세 컷으로 나눌 수도 있다.

간단한 예를 보자.

〈인터뷰 1〉
이 다음에 우리 후손들이 되찾아다가, 유사시에 다시 되찾아서 다시 식량을 만드는 소중한 재료로 사용하게 될 것입니다.
→ 유사시 우리 후손들이 소중한
   식량 재료로 사용할 것입니다.

〈인터뷰 2〉
국수 같은 것도 이거 1300원이었는데 지금 이거 2000원이 넘어요. 황당해갖구 지금 하나밖에 못 사가요.
→ 국수가 1300원에서 2000원으로

올라 놀랐어요.

〈내레이션 1〉

밀가루가 왜 모자랄까요? 가뭄으로 지구촌 밀 수확량이 현저히 줄었기 때문이라고 합니다.

→ 밀가루 부족의 원인은 극심한 가뭄으로
　 현저히 감소한 전 세계 밀 수확량이다.

위에 제시된 예에서 수정한 문장들은 각각 대응하는 원문과 글의 분량은 다르지만 내용은 동일하다. 이는 원문의 모든 단어를 다 언급하지 않아도 메시지를 충분히 전달할 수 있는 좋은 예가 된다.

인터뷰의 경우 문장 종결어미를 '~입니다'나 '~해요' 등으로, 내레이션의 경우 '~이다'로 처리한 것도 눈여겨 보자.

문화 지식 넓히기

지금까지 단어에서 문장으로, 문장에서 문단으로, 문단에서 텍스트로, 표준적 텍스트에서 상황과 수신자를 고려한 다양한 글쓰기와 말하기로 이야기를 확장해 왔다. 이번에는 그보다 더 넓은, 혹은 더 기초가 되는 문화 지식에 대해 간단히 다뤄 보려 한다.

문화 지식이란 무엇일까? 최근 '갑질하다'라는 말이 여기저기서 빈번하게 등장한다. 어느덧 익숙한 표현이 되어 버렸지만 이 말을 처음 들은 사람이 무슨 뜻인지 이해하려면 여러 가지 관련 지식이 필요하다. 우선 계약 관계에서 우월한 지위를 갖는 측을 '갑'이라 칭한다는 점, 그리고 '-질'이 '-짓'의 경상도 사투리라는 점, 이 둘이 합쳐져 '우월적 지위를 남용한 부당행위'가 된다는 점까지 알아야 하기 때문이다. 그 관련 지식 모두가 문화 지식의 일부가 된다. 지리, 역사, 문학, 세시풍속, 시사 관련 지식, 그리고 신조어와 유행어 등이 문화 지식을 형성한다.

한국어를 외국어로 익히는 학습자의 경우에는 문화 지식의 문제가 불쑥불쑥 사방에서 터져 나온다. 이 때문에 한국어 수업 중에 애국가, 삼일절 노래, 졸업식 노래 등의 가사를 공부하고 한국의 대표적인 시를 선별하여 익히기도 한다. 그럼에도 한계는 존재하게 마련이다. 이 한계는 우리가 외국어를 학습할 때에도 피해 갈 수 없는 문제가 된다.

모국어 화자라는 이유로 자신이 한국의 문화 지식을 충분히 갖췄다고 여긴다면 오산이다. 그리고 우리의 텍스트 이해는 각자의 문화 지식 범주 내에서 이루어질 수밖에 없다.

'성균관 정신을 이어~'라는 표현이 나왔을 때 조선시대 최고 교육 기관인 성균관을 떠올리지 못하고 현재의 성균관 대학교, 또는 더 나아가 얼마 전 인기를 누린 드라마 '성균관 스캔들'만 연상한다면 내용 이해에 문제가 발생할 것이다. 건물이 따로 없이 노천에서 열리는 재래시장이라는 의미로 쓰인 '오픈 마켓'은 십중팔구 전자상거래의 오픈 마켓으로 받아들여지고 만다. '위시리스트를 비우다'라는 표현을 보았을 때 인터넷 쇼핑을 많이 하는 사람은 '사고 싶은 목록에 올려두었던 제품을 모두 주문하다'로, 다른 사람은 '하고 싶었던 일을 모두 하다'로, 또 다른 사람은 '욕심을 버리고 마음을 비우다'로 각각 다르게 이해한다. 명태를 통째로 넣어 담그는 지역 특산 김치가 소개되는 부분에서 생선 토막이 들어간 김치는 듣도 보도 못했던 번역사가 이를 '명태를 갈아 넣은 김치'로 둔갑시켜 버렸다는 이야기도 전한다.

위 예들에 등장한 문화 지식은 텍스트에 등장한 표현을 다각도에서 바라보는 능력이라고 할 수 있다. 내가 가진 지식과 상식이 전부가 아닐 수 있다는 점을 인식하고 저자나 연사가 어떤 의도로 그 표현을 썼는지 최대한 고민해야 한다. 문제 되는 표현 전후의 문장이나 단어에서 최대한 단서를 찾아내야 하는 것은 물론이다. 내가 아는 지식이 정말 맞는지, 특정 표현에 대해 나만 다르게 이해하는 것은 아닌지, 돌다리도 두드려 보는 신중한 접근이 필요하다.

상대적으로 덜 중요하게 작용하는 문화 지식도 있다. '굳세어라 연아야'라는 표현이 나왔다면 그 기원을 모른다 해도 격려와 기원의 메시지임은 충분히 이해 가능하다. 한국의 옛 가요 '굳세어라 금순아'에서 나왔다는 것을 안다면 한 번 더 미소 지을 수는 있겠지만 말이다.

통번역에서 전달되는 내용의 우선순위를 매겨 본다면 첫째는 사실관계, 둘째는 표현 강도, 셋째는 비유가 아닐까 싶다. 예를 들어 '어떤 행사가 열렸다. 뜨거운 열기 속에 진행되었다. 뜨거운 열기가 용광로를 연상시켰다'로 압축되는 내용이라면 제일 중요하게 전달되어야 하는 것은 '언제, 어디서, 누가, 무엇을'이라는 사실관계이다. 다음은 행사의 열정적인 분위기 표현이고 마지막이 그 열정적인 분위기를 보여주는 용광로의 비유이다. 사실관계는 반드시 전달되어야 하고 표현과 비유는 텍스트 장르나 행사 특성에 따라, 또한 통번역사의 선택에 따라 전달 여부와 전달 정도가 결정된다.

앞서 소개한 사실관계, 표현 강도, 비유 중에서 문화 지식은 대개 마지막 순위인 비유에 해당한다. 따라서 생략되는 경우가 적지 않다. 하지만 비유가 잘못 이해되는 경우 사실 관계와 표현 강도를 엉뚱하게 만들어 버릴 위험이 늘 존재한다. 이 때문에 문화 지식에 지속적인 관심을 기울여야 한다.

문화 지식을 보강하는 비책은 따로 없다. 일상에서 만나는 온갖 텍스트를 잘 살피고 그 이면을 바라 보려는 노력이 최선이다. 내 문화 지식이 결핍된 부분을 발견하거나 내 주변 사람들과 차이를 보일 때에는 그냥 넘겨 버리지 말고 바로 찾아 확인하는 습관을 들여야 한다. '속 빈 강정', '철가방', '함바집', '채마밭'은 각각 무슨 뜻이고 어떻게 사용되는가? 모른다면 어서 검색해 보라.

어느 드라마에 등장했던 장면이다. 선배 프로듀서가 신입 프로듀서에게 특명을 내린다. 예능 프로그램의 멤버가 교체되니 원로 여배우에게 가서 하차 소식을 전하라는 것이다. 신입 프로듀서는 그 곤란한 소식을 제대로 전하지 못한다. "예능보다는 영화나 드라마에서 보여 주시는 모습이 더 멋집니다. 저희 예능 팀에는 변화가 좀 필요하고요."라고 애써 돌려 말해 보지만 원로 여배우는 "더 열심히 하겠다. 변화라면 앞으로는 내 위주로 가겠다는 얘기냐. 어떤 얘기 하려는지 다 알아 들었다. 표정만 봐도 안다."면서 번번이 말을 가로막는 것이다. 결국 여배우는 고별 회식을 단합대회로 오해한 채 참석하고 신입은 선배 프로듀서에게 단단히 혼쭐이 난다.

한국인들끼리 한국어로 하는 대화에서도 서로를 이해하는 소통이 얼마나 힘든지 잘 보여 주는 사례가 아닌가 한다. 소통은 참으로 쉽지 않은 일이다. 이 책을 통해 우리 필자들과 독자 여러분은 얼마나 소통을 할 수 있었는지 궁금해진다.

문장 차원 연습에서, 또한 텍스트 차원 연습에서 하나뿐인 정답은 없다는 말이 이미 여러 차례 나왔다. 어쩌면 언어 자체부터 정답이 없는지 모른다. 언어 활동에는 개인의 특성, 사회 공동체의 특성, 시대 배경까지 온갖 요소가 녹아 있기 때문이다. 그럼에도 통번역 강의실의 학생들은 늘 정답을 알고 싶어 한다. "이게 최선이냐? 다른 가능성은 생각해 보았느냐?" 또는 "이러저러한 상황일 때 이 통번역이 최선이라고 생각하느냐?"는 선생의 역질문도 싫고, "너도 맞고 저 친구도 맞다"는 황희 정승 식 답변도 싫다고 한다. 선생들 처지에서는 난감한 일이다. 정답이 있을 테니 알려 달라는 학생들과 정답은 상황에 따라 달라지니 여러 측면의 가능성을 생각하라는 선생들 사이에 줄다리기가 이어진다.

통번역을 염두에 둔 한국어 공부의 최종 단계는 결국 아직 한국어에서 내가 모르는 부분이 무척이나 많다는 깨달음, 그 모르는 부분을 꾸준히 채워 나가야겠다는 다짐, 분석하며 읽고 듣고 배려하며 쓰고 말하는 자세인지도 모른다.

이 책을 마무리하는 심정도 비슷하다. 필자들의 한국어, 한국어 교육, 한국어 통번역은 여전히 현재 진행형이다. 결코 완성되지 않았고 아마 끝내 완성되지 않을 것이다. 이제 되었나 싶으면 어느새 한국어 자체가 또 바뀌어 있을 테니까. 다만 한 가지, 언제나 한국어에 대해 생각하고 지금보다 조금 더 잘 하고 잘 가르칠 방법은 무엇인지 고민한다는 점만은 분명하다. 이 책을 계기로 이곳저곳에서 비슷한 고민을 해온 분들과 생각이 공유되기를 기대한다. 또한 이 책에서 출발해 한국어와 한국어 교육에 대해 고민을 시작하는 분들이 많아지기를 바란다.

덧붙임

1. 한자, 얼마나 알아야 할까
2. 모르면 많이 불편한 고사성어
3. 통번역 서비스를 잘 받기 위한 방법

한자, 얼마나 알아야 할까

통번역을 위해 한자를 얼마나 많이 알아야 할까? 이런 고민은 한국어에 한자어 비중이 적지 않고 한자 자체가 한국어의 중요한 일부를 이루기 때문에 생겨난다.

電氣(전기)와 轉機(전기) 등의 동음이의어를 구별할 수 있을 정도의 한자 지식을 쌓고 일상 생활에서 자주 쓰는 한자를 기억해 두면 名譽毀損(명예훼손)을 '명예회손'이라고 써서 스스로의 '명예'를 '훼손'하는 일은 피할 수 있다. 가처분소득(可處分所得)이라는 개념은 한자를 통해 훨씬 쉽게 이해할 수 있다. '처분이 가능한 소득', 그러니까 전체 소득 중에서 '개인이 원하는 대로 소비나 저축에 쓸 수 있는 소득'이 되는 것이다. 이처럼 한자를 이해하면 신문이나 기타 생활 속 정보들을 보다 명확히 이해할 수 있다.

번역은 몰라도 통역은 한자와 별 상관이 없지 않을까 하는 생각이

드는가? 통역 상황에서도 한자 때문에 진땀 빼는 일이 드물지 않다. 발표 자료는 상대적으로 일찍 제공되는 편이지만, 행사의 개회사, 축사 등은 행사 직전에야 나오는 경우가 많다. 연사가 뒤늦게 정해지기도 하고 정해졌던 연사가 직전에 뒤바뀌기도 한다. 곧 행사가 시작될 판인데 '大韓民國의 基盤을 建立하기 위해 勞苦를 아끼지 않으신~'으로 시작하는, 조사 빼고는 다 한자인 연설문을 받아 들었다고 상상해 보라. 이런 국한문 혼용 연설문은 회의 참여자들의 한자 지식 수준을 고려해서인지 점차 줄어드는 추세이다. 그래도 미리 대비해서 나쁠 일은 없겠다. 슬픈 예감은 틀린 적이 없다는 유행가 가사도 있지 않나. 특히 해외에서 학창시절을 보내 한자어에 익숙지 않은 독자라면 이번 기회에 자주 쓰이는 한자, 모르면 불편하고 실수하기 쉬운 한자를 일별해 두기를 권장한다.

다음에 소개하는 한자들을 읽고 이해하는 데 별 문제가 없다면, 통번역 현장에서도 큰 어려움은 없을 것이다. 일단은 마음을 놓아도 좋다. 물론 읽고 이해하는 것과 글로 쓰는 것은 다르니 직접 멋지게 한자도 쓰고 싶다면 별도의 연습이 필요하다. 학부생들에게 자기 이름을 한자로 써 내도록 했다가 세상에 존재하지 않는 수많은 한자를 발견하는 충격적인 경험을 했다고 털어 놓는 경우도 보았다.

일단 단순한 데서 출발해 보자.

上中下, 大中小, 東西南北, 前後左右

농담하느냐고? 설마 윗 상(上), 가운데 중(中), 아래 하(下)를 모르겠느냐고 살짝 마음이 상한다면 바로 다음 단락으로 이동해도 좋다. 누구나 알 것 같은 上中下도 다른 누군가에게는 동굴 속 고대 문자처럼 보일 수 있다. 비디오 대여점 시절에 上下 두 개로 이루어진 영화를 下 테이프부터 시청하면서 왜 이렇게 진행이 빠른지 궁금해 하는 사람도 있었다고 한다.

일간지 속 한자가 점차 줄고 있다지만, 공간이 한정되어 있는 표제 부분의 특성상 크기를 나타내는 대, 중, 소, 방향을 나타내는 동, 서, 남, 북은 한자로 자주 등장하니 확인하고 넘어가자. 부록에 소개되는 한자들을 익히고 나면 '南中國海 둘러싼 갈등 커져' 정도의 신문 표제는 부담 없이 읽을 수 있게 된다.

전, 후, 좌, 우, 역시 마찬가지다. 운전할 때 자주 듣는 '전방주시(前方注視)'라든가 '극단적 좌우갈등(極端的 左右葛藤)'과 같이 일상적으로 등장하는 한자어 및 함께 등장하는 표현, 해당 한자가 한국 사회에서 갖는 파생적 의미까지 이해한다면 전체 내용을 파악하는 데 보다 도움이 된다.

月火水木金土日+曜日

왜 자꾸 농담하느냐고? 그럼 역시 다음으로 넘어가도록 하라. 통역 상황에서 긴급히 전달한 사항이 있을 때 통역사에게 쪽지를 전달하는 경우가 있다. 曜日(요일)은 한자가 복잡해서 한자로 쓰는 사람이 없겠지만(그렇기를 바라지만) 月, 火, 水, 木, 金, 土, 日 정도는 한 글자로 표현할 가능성이 높다. 내친 김에 午前, 午後, 上午, 下午도. 혹시라도 이건 대체 뭐냐 궁금해 하실 한자에 친숙치 않은 독자들을 위해 독음도 친절히 적어 둔다. '오전, 오후, 상오, 하오'이다.

생활 속에서 한자와 직면할 가능성이 비교적 높은 상황은 명함을 교환할 때 아닐까. 이 또한 최근에는 한글이나 영어를 사용하는 경우가 많지만, 원래 준비라는 것은 '만일'을 위해서 하는 것이니 한번 짚고 넘어가도록 하자.

株式會社, 持株會社, 電子, 金融, 銀行, 航空, 通信, 製造

주식회사, 지주회사, 전자, 금융, 은행, 항공, 통신, 제조 등 명함에 등장할 수 있는 회사명 중 일부를 한자로 옮겨서 넣어 보았다. 특별히 관심 있는 분야가 있다면 그 분야에서 등장할 수 있는 한자도 한글 보듯이 읽을 수 있도록 준비를 갖춰 보자. 하지만, 명함 속 한자의 역습은 회사 이름에서 끝나는 게 아니다. 어쩌면 진짜 도전은 지금부터 시작이다. 바로 직급과 이름이다.

업종과 회사 내부 규정에 따라 직제도 다를 것이므로 익숙할 법한 직함들의 한자를 열거해 본다. 소리 내어 읽어 보라.

主任, 代理, 課長/科長, 次長, 部長/企劃室長, 理事, 常務理事, 專務理

事, 社長, 代表理事, 會長

주임, 대리, 과장, 차장, 부장, 기획실장, 이사, 상무이사, 전무이사, 사장, 대표이사, 회장. 요새는 기업 CEO가 代表라는 직함으로만 자신을 소개하기도 하므로 대표이사를 알면 '대표'까지 한꺼번에 알 수 있다. 직급은 낮은 것에서 높은 순서로 나열하였다.

자, 이제 진짜가 나타났다. 한자 보기의 최고 난이도는 바로 이름이다. 침착하자. 명함 좀 받아 보았다면 명함 앞면은 한글, 뒷면은 영어 또는 한자라는 사실을 알 것이다. 평소 명함이라는 물건을 가까이 하지 않았다면 새삼스럽지만 지인이나 가족들에게 명함 하나 받아서 요모조모 뜯어 보자. 처음 만난 사람의 이름 석자를 다 부를 일은 그리 많지 않다. 성에 직함을 붙여서 부르면 되니 명함의 한자 이름에 긴장하지 말고 성부터 정확히 읽어 보자.

한국의 성씨(姓氏) 제도는 중국의 영향을 많이 받아 한자(漢字)로 성(姓)을 표기하는 특징을 지닌다. 한국의 성씨는 '김(金), 이(李), 박(朴)'처럼 한 글자로 된 것과 '남궁(南宮), 사공(司空), 제갈(諸葛), 독고(獨孤), 선우(鮮于), 동방(東方), 서문(西門)'처럼 두 글자로 된 복성(複姓)으로 나뉜다. 일단 성씨는 다 한자다. 자주 쓰이는 한자를 눈에 익혀 두도록 하자. 정확하게 읽는 것이 첫 번째이고 쓰는 것은 자기 성씨를 포함해 각자에게 중요한 몇몇 성씨로도 충분할 것이다.

2000년 11월을 기준으로 한국의 성씨는 286가지이다. 다행히 한국의 10대 성씨가 전체 인구의 64.1퍼센트를 차지한다니 그 한자를 알면 이미 6할 이상의 정확성이 확보되는 셈이 된다. 이 10대 성은 '김(金), 이(李), 박(朴), 최(崔), 정(鄭), 강(姜), 조(趙), 윤(尹), 장(張), 임(林)'이다. 여기에 '오(吳), 한(韓), 신(申), 서(徐), 권(權), 황(黃), 안(安), 송(宋), 유(柳), 홍(洪)'까지 더한 20대 성씨(姓氏)는 78.2퍼센트를 차지한다니 80퍼센트 가까운 성씨는 읽어낼 수 있다. 아까도 말했듯이 명함은 양면이니 한자 성씨를 어떻게 읽는지 모르겠다면 뒷면에 쓰인 한글이나 영어를 참고하면 된다.

그런데 또 다른 변수가 있다. 발음은 같으나 한자는 여러 가지로 표기하는 성씨가 몇 가지 있다. 이 기회에 확인해 보자. 다음의 성은 우리나라에 있는 모든 성씨 중 발음이 같은 성씨만을 모은 것이다. 해당 성씨인 사람이 1,000명 정도에 불과할 경우도 있으니 이 많은 한자를 다 알아야 하나 절망하기보다는 같은 발음 다른 한자 성씨가 이렇게 많구나 확인하는 정도로 살펴 보면 된다.

ㄱ	강(姜, 康, 彊, 强, 剛), 경(慶, 景, 京), 공(孔, 公), 구(具, 丘, 邱), 국(鞠, 國, 菊), 기(奇, 箕)
ㄴ	노(盧, 魯, 路), 뇌(雷, 賴)
ㄷ	단(段, 單, 端), 도(都, 陶, 道), 돈(頓, 敦), 두(杜, 頭)
ㅁ	마(馬, 麻), 모(牟, 毛)
ㅂ	반(潘, 班), 방(方, 房, 邦, 龐), 범(范, 凡), 변(卞, 邊), 봉(奉, 鳳), 부(夫, 傅), 빈(賓, 彬), 빙(冰, 氷)
ㅅ	사(史, 舍, 謝), 서(徐, 西), 석(石, 昔), 설(薛, 偰), 성(成, 星), 소(蘇, 邵, 肖), 송(宋, 松), 수(水, 洙), 순(荀, 舜, 淳, 順), 승(承, 昇), 시(施, 柴), 신(申, 辛, 愼)

ㅇ	양(梁, 楊, 樑, 襄), 여(呂, 余, 汝), 연(延, 連, 燕), 영(永, 榮, 影), 예(芮, 乂), 옹(邕, 雍), 우(于, 禹, 宇), 운(雲, 芸), 원(元, 袁, 苑), 위(魏, 韋), 유(劉, 俞, 庾), 이(李, 異, 伊), 임(林, 任)
ㅈ	장(張, 蔣, 章, 莊), 전(全, 田, 錢), 정(鄭, 丁, 程), 제(諸, 齊), 조(趙, 曺), 종(鍾, 宗), 주(朱, 周), 증(增, 曾), 지(池, 智), 진(陳, 秦, 晉, 眞)
ㅊ	창(昌, 倉), 채(蔡, 菜, 采), 천(千, 天), 초(楚, 肖, 初), 추(秋, 鄒)
ㅍ	편(片, 扁)
ㅎ	하(河, 夏), 한(韓, 漢), 호(扈, 胡, 鎬), 후(候, 后)

젊은이들의 한자 실력을 개탄할 때 흔히 '일간신문도 못 읽는다'는 얘기를 하곤 한다. 최근에는 일간지 속 한자도 점차 줄어드는 경향이 다. 신문에 자주 등장하는 한자는 어떤 것들이 있는지 알아 보자.

政治, 外交, 安保, 軍事, 經濟, 産業, 不動産, 景氣, 不景氣, 國際, 協力, 社會, 法律, 敎育, 學院, 初等學校, 中高等學校, 大學校, 初等生, 中高 生, 大學生, 改革, 文化, 映畵, 音樂, 美術, 公演, 科學, 情報通信, 醫學 정치, 외교, 안보, 군사, 경제, 산업, 부동산, 경기, 불경기, 국제, 협력, 사회, 법률, 교육, 학원, 초등학교, 중고등학교, 대학교, 초등 생, 중고생, 대학생, 개혁, 문화, 영화, 음악, 미술, 공연, 과학, 정보 통신, 의학. 우선 이 정도에서 시작해 차차 채워 가기로 하자.

통번역을 위한 한자는 필순, 획순, 한자의 원리까지 묻는 각종 한 자 인증시험과는 다르다. 가깝게는 통번역 현장에서 만나는 사람들의 이름이나 직함을 잘못 부르는 등 한자로 인한 불편을 해소하는 일에서, 멀리는 한자어가 많은 비중을 차지하는 한국어 텍스트의 이해 심화를 목적으로 한다.

이제 잘못 읽기 쉬운 동자이음이의어(同字異音異意語), 즉 같은 한자지만 상황에 따라 다른 소리로 읽히는 것들을 살펴 보자. 일단 아래의 단어들을 읽을 수 있는지 먼저 확인하고 이어 설명을 보면 된다.

降: 降臨, 下降, 投降, 降伏

순서대로 강림, 하강, 투항, 항복. 아름다운 여성을 향해 '여신강림'이라 말하고, 게임에서 패배를 선언하는 것을 항복, 투항한다고 말하지만, 정작 그 한자에 대해서는 몰랐다면 이 기회에 한 번 확인해 보자. 내릴 강, 항복할 항이다.

更: 更生, 更新, 變更, 更迭

갱생, 갱신, 변경, 경질. 기록 갱신인지 기록 경신인지 긴가 민가 했다면 다시 한 번 확인해 보자. 기록은 경신이고, 운전면허는 갱신이 맞다. 고칠 경, 다시 갱이다.

復: 復歸, 回復/恢復, 復活, 復興

복귀, 회복(두 단어 모두 회복으로 읽으며 동일한 뜻이다), 부활, 부흥이다. '經濟 復興을 맞이하다'라는 신문 표제를 불편 없이 읽으려면 다시 한 번 기억해 두자. 회복할 복, 다시 부이다.

北: 南北, 敗北

남북과 패배이다. 북녘 북, 달아날 배이다. 패배는 특히 스포츠면 표제로 자주 등장하니 기억하자.

不: 不可避, 不正腐敗, 不渡手票, 不振

아닐 부 혹은 아닐 불로 읽힌다. ㄷ과 ㅈ 앞에서 부로 읽는다, 불가피, 불신, 부정부패, 부도수표 등으로 달라진다.

一切

'일체'와 '일절'이라는 두 가지로 읽힌다. '일체'는 '모든 것을 다'란 의미이며 명사와 부사로 쓰인다. '그는 재산 일체를 기부하였다.'는 명사로 쓰인 것이고 '그는 음식을 일체 입에 대지 않는다.'는 부사로 쓰인 것이다. '일절'은 부사로 '아주, 전혀, 절대로'의 뜻을 갖는다. 따라서 '안주 일절'은 잘못된 표현이 된다. 한편 식당에서 조미료를 사용하지 않는다는 표현을 할 때 '모든 것'의 의미를 나타내는 명사 '일체'를 써서 '일체의 조미료를 사용하지 않습니다.'로 할 수도, 조미료를 절대로 사용하지 않는다는 뜻으로 부사 '일절'을 써서 '조미료를 일절 사용하지 않습니다.'로 할 수도 있다. 둘 다 맞는 표현이다.

다음으로는 우리 역사 속에 등장하는 국가 이름을 확인해 보자.

古朝鮮, 高句麗, 百濟, 新羅, 渤海, 高麗, 朝鮮

고조선, 고구려, 백제, 신라, 발해, 고려, 조선의 순이다.

행정구역 단위도 짚고 가자.

特別市, 廣域市, 特別自治市, 區, 洞, 道, 郡, 邑, 面, 里

특별시, 광역시, 특별자치시, 구, 동, 도, 군, 읍, 면, 리. 최근에는
외국인 관광객이 증가하면서 도로 표지판에도 영어와 한자 표기가
병기되는데 자기 동네 이름 정도는 한자로 알아 두도록 하자. 이 책
곳곳에서 여러 차례 강조한 것처럼 통번역을 통해 전달되는 콘텐츠
는 무궁무진하므로 알아 둬서 나쁜 지식은 없다.
　행정구역 애기가 나온 김에 빈번하게 등장하는 지명의 한자도 한
번 짚고 넘어가자. 먼저 도 이름부터 보자.

京畿道, 江原道, 忠淸南道, 忠淸北道, 全羅北道, 全羅南道, 慶尙北道,
慶尙南道, 濟州道

벌써 어지러움을 느낄 독자들을 위해 얼른 정답을 알아 보자. 경기
도, 강원도, 충청남도, 충청북도, 전라북도, 전라남도, 경상북도, 경
상남도, 제주도이다. 북한 지명도 짚고 넘어가자. 일단 신문에 한자
로 나올 수 있는 지명인 平壤, 開城을 기억해 두자. 참, 북한 애기가
나온 김에 북한의 金日成, 金正日, 金正恩도 한 번 눈에 익혀 두자. 한

자 실력은 없어도 눈치가 있는 독자라면 아마 김일성, 김정일, 김정은을 읽어냈을 것이다. 북한 얘기가 나왔으니 北核 또한 빠뜨릴 수 없다. '北, 核카드 만지작' 이런 표제어 익숙하지 않은가. 原子爐(원자로), 輕水爐(경수로)까지 한자로 나왔던 시절도 있었지만 요즘은 그렇지 않은 것 같다.

다시 지명 얘기로 돌아와 6대 광역시의 한자를 확인해 보자. 釜山, 大邱, 大田, 仁川, 光州, 蔚山이다. 바로 이해할 수 있다면 좋고 혹시나 싶어 적어 두자면 부산, 대구, 대전, 인천, 광주, 울산의 순이다. 대전 소재 기관이나 대전 관련 행사에서 한자어의 원뜻인 '한밭'을 사용하거나 광주의 한자어를 풀어 '빛고을'이라고 부르는 일도 드물지 않으니 지명의 의미까지 알아 두면 유용하다. 나아가 도자기가 유명한 경기도 광주의 한자는 빛 光이 아니라 넓을 廣자를 써서 廣州라는 것도 함께 알아 두자. 원래 이런 공부는 꼬리에 꼬리를 물어야 제맛이다.

이 책에서 누차 얘기했던 것처럼 통번역 현장에서는 어떤 지식이 필요할지 모르므로 틈나는 대로 지식을 흡수해 두는 것이 나름의 대비라 하겠다. 마찬가지 관점에서 흔히 언급되는 영남, 호남이라는 명칭에 대해서도 추가적으로 보자. 영남은 경상도의 이칭(異稱, 이제 이정도 한자에는 너무 놀라지 말기로 하자)으로 문경새재 남쪽에 있어서 嶺南이라 부른다. 호남은 전라도의 별칭(別稱)이다. 호남은 원래 호수의 남쪽에 위치한다는 것에 연유된 명칭으로, 호수는 여러 설이 있으나 김제의 벽골제 호를 가리킨다고 전해진다.

앞에서 南中國海도 소개했지만 신문에서 '中, 南中國海 갈등 격화시키나?', '中日갈등 심화 속 美 고민 커져'와 같은 표제어를 보고 흠칫 놀라 한자를 다시 한 번 응시하며 "미, 미국?"하고 가늠해 보는 수준이라면 국가를 나타내는 한자들도 살펴볼 필요가 있다.

韓國, 美國, 日本, 獨逸, 佛蘭西, 和蘭, 伊太利, 墺地利, 加那陀, 濠洲, 泰國, 印尼, 印度, 南阿共

한국, 미국, 일본, 독일, 불란서(프랑스), 화란(네덜란드), 이태리, 오지리(오스트리아), 가나다(캐나다), 호주, 태국, 인니(인도네시아), 인도, 남아공(남아프리카공화국)이다. 꼭 필요한 것만 하겠다더니 왜 이렇게 어려운 글자가 많냐며 성낼 독자들도 있을지 모르겠다. 남아공을 제외하고는 첫 글자만 익혀도 된다. 신문 표제어로 등장할 때는 첫 글자만 나오니 말이다. 왜 자꾸 신문을 언급하는지 의아한가? 신문은 우리나라 평균 독자를 대표적으로 겨냥하는 텍스트이다. 적어도 아직까지는 그렇다. 그리고 신문에 쓰인 한자는 중등교육을 받은 사람이라면 읽을 수 있다고 판단되는 것들이다. 그래서 신문을 기본 자료로 삼는 것이다.

지리 얘기가 나온 김에 五大洋 六大洲도 한 번 짚고 가자. 직접 가보지 않았다고 오대양, 육대주 이름도 몰라서 되겠는가. 오대양부터 보자. 太平洋, 印度洋, 大西洋, 北極海, 南極海이다. 태평양, 인도양, 대서양, 북극해, 남극해를 익히면서 남극, 북극도 알게 되니 얼마나 좋은가. 남극하면 世宗基地를 빼놓을 수 없다. 세종기지를 생각하면 우리나라 유일의 세종특별자치시가 떠오를 텐데 앞서 지명을 다루었으니 여기서는 세종만 눈에 익혀 두면 되겠다. 육대주를 살펴보자. 오세아니아(大洋洲, 대양주), 아시아(亞洲, 아주), 유럽(歐洲, 구주 혹은 歐羅巴, 구라파), 남아메리카(南美洲, 남미주), 북아메리카(北美洲, 북미주), 아프리카(阿弗利加洲, 아비리가주)이다. 대륙 이름 역시 첫 글자 정도만 눈에 익혀 두면 적어도 신문을 볼 때는 별 불편 없을 것이다.

푸를 청(靑)자는 청와대(靑瓦臺) 첫 글자인 까닭에 "靑, 중대 결정 내리나"와 같이 신문에 자주 등장한다. 청와대 얘기가 나온 김에 與野도 한 번 짚고 넘어가자. 독자를 의심해서가 아니라 기우에서 적어 둔다. 여야이다. 與黨과 野黨도 겸사겸사 확인하고 간다.

이제 색깔을 짚어 보자. 천자문의 세 번째, 네 번째 글자도 검을 玄, 누를 黃, 아니던가. 옛날 사람들에게 색깔이 이토록 중요했나 의아한 생각이 들긴하지만 아무튼 몇 가지 색깔을 더 살펴 보자. 한국 전통 색상으로 청(靑), 적(赤), 황(黃), 백(白), 흑(黑)의 오방색(五方色)이 흔히 등장한다. 이는 음양오행설(陰陽五行說)로 풀어낸 순수한 색깔이라고 한다. 黑白論理(흑백논리)처럼 색깔에서 출발해서 이제는 파생적 의미로 더 많이 쓰이는 표현도 있다. 靑의 짝꿍 색깔은 紅(홍)이다. 환경 보호를 얘기할 때 자주 등장하는 글자는 綠, 녹색이다. 곤색이 아니라 감색이라고 바른말 고운말 프로그램에서 강조하던 감색은 '紺色'이라 쓴다. 곤색은 감색의 일본어 발음이란다. 이제 동화 白雪公

主도 한자로 읽어낼 수 있다. 알다시피 '눈처럼 하얀 공주'라는 뜻이다. 참, 백설을 얘기하니 예전에 표백력이 아주 좋은 일제 비누 이름도 白雪婦人이었다. 그리고 보니 한자를 알면 한중일의 웬만한 제품명도 볼 수 있겠다. 중국과 일본은 물론 홍콩과 대만에서 신나게 쇼핑하는 모습을 상상해 보면 한자와 친해져야겠다는 마음이 들지도 모른다.

숫자도 한 번 짚고 넘어가자. 먼저 일반적인 한자의 숫자 표기는 다음과 같다.

一二三四五六七八九十(1, 2, 3, 4, 5, 6, 7, 8, 9, 10)
一十百千萬億兆(일, 십, 백, 천, 만, 억, 조)

다음은 갖은자를 보자. 갖은자는 돈의 액수 등을 기록할 때 위조나 오류를 방지하기 위해 쓰는 획이 더 많고 구성을 달리 한 한자를 말하는데 여기서 한 번 눈에 익혀 보자. 계약서에는 대개 갖은자로 숫자를 표기한다.

壹, 貳, 叄, 肆, 伍, 陆, 柒, 捌, 玖, 拾, 佰, 仟(1, 2, 3, 4, 5, 6, 7, 8, 9, 10, 100, 1000)

숫자가 나왔으니 한자 단위도 한 번 확인하고 넘어가자. 우선 면적을 나타내는 평(坪), 길이를 나타내는 척(尺) 이 있다. 평은 부동산 거래에 자주 등장하는데 3.3㎡에 해당한다. 알고 있었다면 좋고 몰랐다면 이번에 알고 넘어가면 된다. 소설에서 영웅호걸의 신체조건을 묘사할 때 자주 등장하는 '팔척장신'이라는 표현도 한 척이 약 30cm이라는 것을 알면 대략 가늠이 된다. 팔척장신이라는 말의 뜻이 '사람의 몸이 장대함을 과장하여 이르는 말'이니 사람 키가 어떻게 240cm나 되느냐고 놀랄 필요는 없다.

한자를 다루는 이 부분도 거의 끝나 간다. 조금만 더 힘을 내자. 고전소설 홍길동전(洪吉童傳)에는 주인공 홍길동이 호부호형을 못한다고 한탄하는 장면이 나온다. 정실 부인이 아닌 첩의 자식인 탓에 신분 차별을 당하는 것이다. 呼父呼兄이란 말 그대로 '아버지를 아버지라 부르고 형을 형이라 부른다'는 의미이다. 호부호형과 비슷하게 생긴 호형호제(呼兄呼弟)라는 말도 있다. '형 동생이나 다름없을 정도로 친밀한 관계'를 말한다. 한편 기업의 경영권 다툼을 보도하는 신문기사 표제에는 '兄弟의 난'이라는 말이 자주 등장한다. 아버지 부시와 아들 부시를 가리켜 '부시父子'라 묶어 부르기도 한다. 이런 사례를 바탕으로 이번에는 가족 관계를 나타내는 한자를 한 번 짚어 보자.

家族, 家門, 家庭, 父子, 父女, 母子, 母女, 兄弟姊妹, 男妹, 姑婦關係, 丈壻葛藤

각각 가족, 가문, 가정, 부자, 부녀, 모자, 모녀, 형제자매, 남매,

고부관계, 장서갈등이다.

최근 들어서 장서 갈등도 고부 갈등 못지 않다는 기사가 많이 보인다. 또한 조손가정(祖孫家庭)이나 한부모 가정이라는 용어가 등장해 기존의 결손가정(缺損家庭)을 대신하고 있다. 죽지 못한 사람이라는 뜻의 미망인(未亡人)을 대신할 말도 나왔으면 좋겠다.

이 책 곳곳에서 강조한 것처럼 통번역을 위한 한국어를 다지는 일은 하루아침에 되지 않는다. 꾸준한 운동으로 체력을 점차 키우듯 朝夕으로, 晝夜로 계속 관심을 갖고 돌봐야 가능한 일이다. 끝난다고 해 놓고 이게 뭐냐 싶은가. 이제 정말 얼마 남지 않았다. 앞의 한자는 TV 사극에서 자주 나오는 '조석으로 問安(문안)을 여쭌다'는 대사에 등장하는 아침, 저녁을 나타내는 한자 朝夕이고, 그 다음은 밤낮을 나타내는 주야(晝夜)이다. 국어사전에 나오는 '주야'의 두 번째 뜻은 '쉬지 않고 계속함'이다. 아침, 저녁, 낮밤 얘기가 나온 김에 시간 관련 한자도 한 번 짚고 가자. 年, 月, 日, 時, 晝間, 夜間, 晝耕夜讀. 연, 월, 일, 시, 주간, 야간, 주경야독이다. 낮에는 밭 갈고, 밤에는 공부한다는 주경야독 얘기가 나왔으면 공부 열심히 하는 것과 관련된 螢雪之功(형설지공) 등등이 꼬리를 물고 생각날지도 모르겠다. 형설지공에 대해서는 고사성어 부분을 참고하라.

진짜 마지막이다. 三權分立(삼권분립)을 아는지? 일단 앞서 다뤘던 한자는 三밖에 없는 것 같다. 뭔가 직무유기를 한 것 같은 기분이 들고 더 많은 내용을 담아야 한다는 초조감도 느껴진다. 하지만 약속대로 이 부분은 곧 마무리할 예정이다. 삼권분립은 국가 권력을 立法府, 司法府, 行政府 셋으로 나누어 국가 권력이 함부로 사용되는 것을 막기 위한 제도를 말한다. 입법부, 사법부, 행정부다. 입법부는 國會(국회) 하나 알고 지나가면 된다. 사법부는 大法院, 高等法院, 家庭法院, 地方法院, 行政法院(대법원, 고등법원, 가정법원, 지방법원, 행정법원) 정도 알아 두자. 이제 행정부를 살펴 볼 차례이다. 대한민국 정부 조직도 중 일간지에 등장하는 한자를 골라 보면 다음과 같다. 大統領, 國務總理, 監査院, 國家情報院, 國務總理(대통령, 국무총리, 감사원, 국가정보원, 국무총리)이다. 내친 김에 17개 정부 부처를 한 번씩 짚어 보자. 고지가 멀지 않으니 조금만 더 힘을 내 끝까지 읽어 보라. 雇傭勞動部, 敎育部, 國防部, 國土勞動部, 企劃財政部, 農林畜産食品部, 文化體育觀光部, 未來創造科學部, 法務部, 保健福祉部, 産業通商資源部, 女性家族部, 外交部, 統一部, 海洋水産部, 行政自治部, 環境部(고용노동부, 교육부, 국방부, 국토노동부, 기획재정부, 농림축산식품부, 문화체육관광부, 미래창조과학부, 법무부, 보건복지부, 산업통상자원부, 여성가족부, 외교부, 통일부, 해양수산부, 행정자치부, 환경부)이다.

맛집 프로그램을 보다 보면 해물과 닭, 소고기 등이 다 들어간 음식을 맛보며 陸海空을 망라했다고 말한다. 육해공이다. 여기에 軍을 각각 붙이면 陸軍, 海軍, 空軍이 된다. 군인 얘기 나왔으니 將軍(장군)도 덧붙인다.

외국인 학생들이 대체 당국(當局)이 뭐냐고 질문을 할 때가 있다.

금융 당국, 과세 당국, 관련 당국, 남북한 고위 당국자 접촉 등등 무척이나 자주 등장하는데 그 실체를 딱히 모르겠다는 것이다. 당국은 어떤 일을 직접 맡아 하는 기관을 통칭하는 말이다. 예를 들어 금융 당국은 기획재정부, 금융감독원, 한국은행 등을 뜻한다.

이상과 같이 수박 겉핥기 또는 주마간산(走馬看山) 식으로 통번역 현장에서 필요하다고 생각되는 한자를 일별해 보았다. 한자라고 하면 손사래부터 칠 독자들이 이 부분을 통해 한자가 생각보다 어렵지 않다고 느낄 수 있었다면 이 부분의 목적은 훌륭히 달성된 셈이다.

단언컨대 한자 지식이 풍부하면 이해할 수 있는 텍스트가 훨씬 더 풍부해진다. 독자들이 꼬리에 꼬리를 물고 지식을 확장해 가는 기쁨을 몸으로 느낄 수 있기를 바란다.

모르면 많이 불편한
고사성어(故事成語)

　각종 한국어능력시험과 업무적성평가에 단골로 등장하는 것이 고사(故事)에서 유래한 사자성어이다(四子成語라고 쓰지만 꼭 네 글자로 된 것은 아니다). 중등교육을 마쳤고 평균 정도의 언어 실력을 갖춘 사람이라면 크게 의식하지 않고 넘어갔을지도 모르겠지만 유심히 살펴보면 의견을 개진하는 글에 고사성어가 상당히 빈번하게 사용된다는 것을 알 수 있다.

　그런데 이 고사성어라는 것이 모르면 모르는 대로 그냥 지나쳐 버리는 수가 많다. 본 장의 제목을 '모르면 많이 불편할 고사성어'라고 붙였지만 실제로는 그다지 불편함을 느끼지 않았을지도 모른다. 그냥 모르고 지나 갔을 테니까. 한국어 관련 수업(혹은 국어라는 과목)을 별도로 배우지 않았던 학생들이 고사성어를 조금 공부하고 나면 이구동성으로 하는 말이 있다. 고사성어가 곳곳에 그렇게 많이 쓰이는

지 몰랐다는 것이다. 그리고 사자성어를 발견해내고 그 문맥을 이해하는 자신을 매우 대견해 하곤 한다. 고사성어란 그런 것이다. 알고 있으면 연사 혹은 저자가 말하고자 하는 바의 핵심에 더 쉽게 접근하면서, 표현의 묘미를 느낄 수 있지만 모르면 혼자 잘못 생각한 채 넘어가고 마는 것이다.

알면 알고 모르면 모르는 대로 달리 생각하고 넘어가는 상황의 예를 보자. 일간지에 실리는 TV 편성표의 스포츠 중계 항목에는 '우천시 정규 방송'이라고 쓰여 있다. 비가 내려 야외 경기가 취소되면 중계 방송 대신 본래 그 시간에 할당되었던 정규 프로그램을 방송한다는 의미이다. 그런데 이 말을 '우천'이라는 도시에서는 그 시간에 정규 방송을 한다고 생각했던 사람이 상당수 있다. 그냥 넘어가지 않고 "우천이 어디에 있는 도시야?"라고 묻는 사람은 그래도 그나마 지적 호기심이 있다고 봐야 한다.

아래 소개하는 고사성어들은 그야말로 기본적인 것들이다. 일반인들 사이의 대화에도 빈번하게 사용될 정도이다. 아는 것은 다시 확인하고 모르는 것은 유심히 읽어 보도록 하라. 흥미를 가지고 편안한 마음으로 살펴 볼 수 있도록 간단한 예문을 첨가하였다. 고사성어를 공부할 때 시험 공부하듯 반드시 외우고야 말겠다고 결심하기보다는 어떤 뜻으로 쓰였는지 이해하고 넘어가라고 권하고 싶다. 문맥 중에서 어떠한 의미로 쓰였는지 파악하는 것이 최우선이다. 신문이나 다른 글을 읽을 때 사자성어라고 판단되는 말이 등장하면 그때그때 찾

아 보고 익히는 것도 앎의 범위를 넓히는 지름길이다. 자, 이제 시작
해 보자.

- **가인박명(佳人薄命)** 아름다운 여자는 운명이 기구하다는 의미. 소동
  파가 30대 미모의 여승을 보고 파란만장했을 법한 삶을 상상해 지
  었다는 시의 제목에서 유래함. 미인박명(美人薄命)이라고도 함.
  ▶ 미인인데다가 시집도 잘 가서 저리 잘 사는 것을 보니 <u>가인박명</u>이
  란 말은 그 부인에게 맞지 않는다.

- **각주구검(刻舟求劍)** 배에서 칼을 물 속에 떨어뜨리고 뱃전에 빠뜨린
  자리를 표시해 두었다가 배가 정박한 뒤에 칼을 찾으려 했다는 고
  사(故事)에서 유래함. 미련하고 융통성이 없다는 뜻.
  ▶ 그토록 미련하게 굴다니 너 같은 놈이 바로 <u>각주구검</u>할 위인 아니
  더냐.

- **간담상조(肝膽相照)** 간과 쓸개를 드러내 보인다는 뜻. 서로 마음을
  터 놓고 격의 없이 친하게 사귐.
  ▶ 나는 그와 마음으로 교류하며 <u>간담상조</u>의 우정을 나누었다고 여
  겼으나 그의 생각은 달랐다.

- **개과천선(改過遷善)** 지나간 허물을 고치고 착하게 됨. 개과자신(改過

自新)이라고도 함.

▸ 개과천선이라는 말이 있기는 하지만 악한 일을 저지른 자가 쉽사리 착한 사람이 되지는 못한다. 사람의 본성이란 쉬이 변하는 것이 아니다

● **건곤일척(乾坤一擲)** 하늘과 땅을 향해 한 번에 내던진다는 뜻. 사생결단하는 최후의 한판 승부를 일컬음.

▸ 한반도를 휩쓰는 일본군의 기세와 만주 중원 벌판에 벌어지는 건곤일척의 일대 공방전을 그는 한 자 높이도 채 안 되는 매화가지 사이를 통해서 지그시 바라보다가……. (유주현, 〈대한제국〉)

● **결초보은(結草報恩)** 풀을 엮어서 은혜를 갚는다는 의미. 즉, 죽어 혼령이 되어도 은혜를 잊지 않고 갚음을 일컬음.

▸ 베풀어 주신 은혜는 평생 잊지 않고 결초보은하는 마음으로 갚아나가겠습니다.

● **경국지색(傾國之色)** 한 나라를 위태롭게 할 정도의 미색, 아름다운 여자를 이르는 말.

▸ 그 여인의 미모는 가히 양귀비 같은 경국지색이라 할 만했다.

● **계륵(鷄肋)** 닭의 갈비라는 뜻으로, 큰 소용은 없으나 버리기는 아까

운 것을 일컫는 말.

▶ 이 회사에서 30년을 넘게 일했는데 이제는 버릴 수도 없고 취할 수도 없는 존재가 되었다니 <u>계륵</u>이 따로 없다.

- **고육지책(苦肉之策)** 손해 볼 것을 알면서도 어쩔 수 없이 쓰는 방책.

▶ 정부는 채소 값이 폭락하게 될 것이 분명하므로 피해가 더 커지기 전에 미리 일정량을 헐값에 출하한다는 <u>고육지책</u>을 쓴 것이다.

- **고진감래(苦盡甘來)** 쓴 것이 다하면 단 것이 온다는 뜻으로 고생 끝에 즐거움이 옴을 이르는 말.

▶ 고생 끝에 낙이 온다더니 정말로 <u>고진감래</u>가 맞는구려.

- **곡학아세(曲學阿世)** 자기의 신조나 소신, 철학 등을 굽혀 시세에 아첨함.

▶ 네가 힘들여 배운 학문으로 권력에 아첨하는 자가 될 줄은 몰랐다. <u>곡학아세</u>하지 말라시던 스승님의 가르침을 잊은 것이냐.

- **교언영색(巧言令色)** 교묘하게 꾸미는 말과 아첨하는 얼굴 빛.

▶ 그가 아무리 미사여구를 늘어 놓고 좋은 얼굴로 <u>교언영색</u>한다 해도 그는 거짓말쟁이 사기꾼에 불과하다.

● **과유불급(過猶不及)** 정도를 지나침은 미치지 못한 것과 같다는 뜻으로, 중용(中庸)이 중요함을 이르는 말. 과불급(過不及)이라고도 함.

▷ 그렇게 지나치게 운동을 하는 것도 운동을 하지 않는 것만 못하다. 옛 말에 과유불급이라 하지 않더냐.

● **관포지교(管鮑之交)** 중국 춘추 시대 관중(管仲)과 포숙아(鮑叔牙)의 사귐이 매우 친밀하였다는 고사에서 나온 말로, 아주 친한 친구 사이의 다정한 교제를 일컬음.

▷ 그와 나는 어린 시절부터 함께 자라온 막역한 친구, 그야말로 관포지교를 나누어 온 사이야.

● **괄목상대(刮目相對)** 눈을 비비고 상대편을 본다는 뜻으로, 남의 학식이나 재주가 놀랄 만큼 부쩍 는 것을 일컬음.

▷ 그 바이올리니스트는 피나는 노력을 기울인 결과 연주 실력이 괄목상대했다.

● **구사일생(九死一生)** 죽을 고비를 여러 차례 넘기고 겨우 살아남.

▷ 갑자기 내린 비에 계곡이 온통 물에 잠겼을 때 캠핑족들은 구사일생으로 그곳을 빠져 나올 수 있었다.

● **구태의연(舊態依然)** 조금도 변하거나 발전한 데가 없이 옛 모습 그대

로라는 의미.

▶ 세월호 참사를 겪고서도 안전 불감증은 개선될 기미를 보이지 않는다. 구태의연한 모습 그대로이다.

● **궁여지책(窮餘之策)** 궁한 나머지 생각다 못해 짜낸 계책. 궁여일책(窮餘一策)이라고도 함.

▶ 작금의 경제위기를 벗어나기 위해 궁여지책으로 생각해 낸 것이 부동산 규제 완화라는 카드이지만 정말로 원하는 성과를 거둘지는 지켜 보아야 한다.

● **권토중래(捲土重來)** ① 한 번 패하였다가 세력을 회복하여 다시 쳐들어옴. ② 한 번 실패한 일을 의욕적으로 다시 함.

▶ 그 정치가는 선거에서 패한 후 낙향하여 지내면서 권토중래를 꿈꾸고 있다.

● **군계일학(群鷄一鶴)** 닭의 무리 속에 있는 한 마리의 학이라는 뜻으로, 평범한 많은 사람 가운데서 뛰어난 사람을 이름. 계군일학(鷄群一鶴)이라고도 함.

▶ 그 여자는 언제나 평범한 자기 친구들에 둘러 싸여 뛰어난 미모를 뽐내는 군계일학의 모습이었다.

- **금상첨화(錦上添花)** 비단 위에 꽃을 보탠다는 뜻으로, 좋은 일에 또 좋은 일이 더함의 비유.
▶ 집도 넓은데다가 교통까지 좋다니 참말로 <u>금상첨화</u>입니다.

- **금의환향(錦衣還鄕)** 비단옷을 입고 고향에 돌아 온다는 뜻으로, 출세하여 돌아 온다는 의미.
▶ 쫓기듯 고향을 떠나왔지만 열심히 일하여 돈도 제법 벌었으니 고향에 돌아 가면 모두들 <u>금의환향</u>했다고 반겨주겠지.

- **금지옥엽(金枝玉葉)** ① 임금의 자손이나 집안. ② 귀한 자손.
▶ 어머니는 결혼 십년 만에 얻은 외동아들인 나를 <u>금지옥엽</u>으로 키우셨다.

- **기왕지사(旣往之事)** 이미 지난 일. 이왕지사(已往之事)라고도 함.
▶ <u>기왕지사</u> 이렇게 된 일, 지난 일은 잊고 앞날만 생각하렴.

- **기우(杞憂)** 옛날 기(杞)나라 사람이 하늘이 무너질까 걱정했다는 고사에서 나온 말. 기인지우(杞人之憂)라고도 함. 쓸데없는 걱정을 하는 것 또는 그 걱정을 일컬음.
▶ 왜 그리 쓸데없는 걱정을 하시오? <u>기우</u>가 지나치신 것 아닙니까?

- **기사회생(起死回生)** 거의 죽을 뻔하다가 다시 살아남.
- ▶ 한국 팀은 예선전에서 탈락하기 일보직전이었는데 어제 경기에서 승리하여 <u>기사회생</u>하였다.

- **난형난제(難兄難弟)** 형이라 하기도 어렵고 아우라 하기도 어렵다는 의미. 둘 가운데 우열을 가리기 어려움을 뜻함.
- ▶ 이번 대회 결승전에서 만나게 된 두 선수는 <u>난형난제</u>의 실력을 갖추고 있어 그 결과를 예측하기가 어렵다.

- **남부여대(男負女戴)** 남자는 지고 여자는 인다는 뜻으로, 가난한 사람들이 살 곳을 찾아 떠돌아 다니는 것을 이르는 말.
- ▶ 6.25때 우리 할머니, 할아버지들이 <u>남부여대</u>하고 피난가던 모습을 사진으로 보니 그 비참함이 이루 말로 할 수 없더구나.

- **낭중지추(囊中之錐)** 주머니 속에 송곳이 들어 있으면 뾰족하여 밖으로 뚫고 나오는 것처럼 재능이 있는 사람은 언젠가는 그 재능이 나타난다는 말.
- ▶ 전 세계 영재들의 각축장인 미국 실리콘밸리에서 인도 출신들이 <u>낭중지추</u>의 두각을 나타내는 배경에 관심이 모아지고 있다.

- **누란지위(累卵之危)** 높이 쌓아올린 계란이라는 뜻. 아주 위험한 상태

에 처해 있음.

▶ 이렇게 상황이 위태위태하다니 마치 <u>누란지위</u>와도 같다.

● **능지처참(陵遲處斬)** 머리·몸통·팔·다리를 토막 쳐 죽이던 극형. 대역죄를 범한 자에게 내리던 형벌.

▶ <u>능지처참</u>은 말할 수 없이 잔인한 형벌이지만 나름대로는 법의 존엄성, 엄정함을 널리 알리는 목적을 가졌다고 한다.

● **다다익선(多多益善)** 많을수록 더욱 좋음.

▶ 얼마나 필요하냐고? 많으면 많을수록 좋다. <u>다다익선</u>이다.

● **당구풍월(堂狗風月)** 서당 개도 3년이 지나면 풍월을 읊는다는 뜻. 무식한 사람도 유식한 사람과 같이 있으면 감화를 받는다는 말.

▶ 식당 개 3년이면 라면을 끓인다던데 <u>당구풍월</u>하는 기미조차 보이질 않느냐?

● **대기만성(大器晚成)** 크게 될 사람은 늦게 이루어진다는 말.

▶ 지금은 보잘 것 없으나 저토록 꾸준히 노력하는 것을 보면 저 아이는 분명 <u>대기만성</u>할 인재임이 틀림없다.

● **대의명분(大義名分)** 사람이 타인이나 국가에 대해 지켜야 할 도리.

▸ 부시가 9.11테러 이후 이라크와 아프가니스탄을 침공하던 그때 테러와의 전쟁이라는 <u>대의명분</u> 앞에서 미국의 모든 언론과 정치인들은 반대의 목소리를 낼 수 없었다.

● **동문서답(東問西答)** 묻는 말에 전혀 맞지 않는 엉뚱한 대답을 함. 또는 그 대답.

▸ 과거 일본이 저지른 전쟁이 잘못된 것이라고 생각하느냐는 질문에 아베 총리는 전쟁을 하지 않는다는 맹세를 가슴에 품고 지난 70년간 평화국가의 길을 걸어 왔다며 <u>동문서답</u>을 했다.

● **동병상련(同病相憐)** 같은 종류의 병을 앓고 있는 사람끼리 서로를 불쌍히 여긴다는 뜻.

▸ 전쟁에서 아들을 잃은 김여사와 애지중지하던 딸을 병으로 잃은 박여사는 서로에게 <u>동병상련</u>을 느끼는 듯하다.

● **동상이몽(同床異夢)** 한 자리에서 같이 자면서도 서로 다른 꿈을 꾼다는 뜻. 겉으로는 같이 행동하면서 속으로는 각각 딴 생각을 하는 것을 일컬음.

▸ 여당 내에서도 각 계파 간 수 싸움이 치열하다. 저런 것이 바로 <u>동상이몽</u>이 아니고 무엇이랴.

- **두문불출(杜門不出)** 집에만 틀어 박혀 세상 밖에 나가지 않음.

▶ 실연을 당했다고 그렇게 집 안에만 박혀서 <u>두문불출</u>하면 어떡하니? 나가서 바람도 쐬고 그러렴.

- **등용문(登龍門)** 용문(龍門)은 황허(黃河) 강 상류에 있는 급류로, 잉어가 거기에 올라가 용이 된다는 전설에서 나온 말. 입신출세에 연결되는 어려운 관문 또는 운명을 결정짓는 중요한 시험을 비유함.

▶ 사법시험의 존치를 주장하는 사람들은 사법시험이 서민의 <u>등용문</u>이라 말한다.

- **마이동풍(馬耳東風)** 남의 말을 귀담아 듣지 않고 곧 흘려 버리는 것을 이르는 말.

▶ 아무리 설득을 해도 소용이 없으니 완전히 <u>마이동풍</u>이로구만.

- **맹모삼천지교(孟母三遷之敎)** 맹자의 어머니가 아들을 가르치기 위해 세 번 이사했다는 고사에서 나온 말. 자녀의 교육에 열성적인 어머니를 일컫는 말로 쓰임.

▶ 자식을 위해 그렇게 여기저기 이사를 다니다니 <u>맹모삼천지교</u>가 따로 없습니다 그려.

- **명불허전(名不虛傳)** 명성이 헛되이 퍼진 것이 아님. 곧 이름이 날 만

한 까닭이 있음.

▶ 내가 중원에서 장군의 명성은 익히 들어 알고 있었지만 과연 실제로 만나 보니 <u>명불허전</u>이오이다.

● **명실상부(名實相符)** 이름과 실상이 서로 꼭 맞음.

▶ 그는 초년에 고생이 있었지만 각고의 노력 끝에 이제는 <u>명실상부</u>한 거상(巨商)이 되었다.

● **명약관화(明若觀火)** 불을 보는 것처럼 분명한 일을 가리킴.

▶ 이런 식으로 북한을 계속 자극한다면 북측이 먼저 도발을 감행할 것은 <u>명약관화</u>한 일이다.

● **모순(矛盾)** 말이나 행동의 앞뒤가 서로 맞지 않는 것.

▶ 사회의 구조적 <u>모순</u>. / <u>모순</u>을 드러내다. / 체제의 <u>모순</u>을 극복하다.

● **목불인견(目不忍見)** 눈 뜨고 차마 볼 수 없음.

▶ 재벌 형제의 경영권 다툼이 <u>목불인견</u>의 지경에 이르렀다.

● **무릉도원(武陵桃源)** 도연명(陶淵明)의 〈도화원기(桃花源記)〉에 나오는 세속을 떠난 별천지.

▶ 태화 강변에 흐드러지게 핀 야생 복숭아꽃이 섬과 강변에 자라는

버드나무의 새싹과 어우러져 <u>무릉도원</u>을 연출하고 있다.

● **문전성시(門前成市)** 찾아 오는 사람이 많아 집 문 앞이 시장을 이루다시피 함.

▶ 맛있다는 소문이 나자 그 음식점은 아침부터 <u>문전성시</u>를 이뤘다.

● **발본색원(拔本塞源)** 나쁜 일의 근원을 아주 없애 버려서 다시는 그런 일이 생기지 않도록 함.

▶ 공명선거를 저해하는 흑색선전 유포자를 <u>발본색원</u>해야 한다.

● **방약무인(傍若無人)** 곁에 사람이 없는 것처럼 거리낌 없이 함부로 말하고 행동함.

▶ 그는 대기업의 이번 조치를 '오만방자와 <u>방약무인</u>, 전 세계 유례 없는 일'이라고 비판하였다. 주변이나 타인의 입장과 형편을 전해 살피지 않고 제멋대로 굴었다는 것이다.

● **배수지진(背水之陣)** ① 강이나 바다를 등지고 치는 진. 물러설 수 없어 힘을 다하여 싸우게 함. ② 더 이상 물러설 수 없음을 비유적으로 이르는 말.

▶ 이번 경기에서 선수들은 <u>배수진</u>을 친다는 심정으로 최선을 다해야 할 것이다.

- **백미(白眉)** 흰 눈썹이라는 뜻으로 여럿 가운데에서 가장 뛰어난 사람이나 훌륭한 물건을 비유적으로 이르는 말.
▶ 춘향전은 한국 고전 문학의 백미이다.

- **부화뇌동(附和雷同)** 줏대 없이 남이 하는 대로 따라서 행동함.
▶ 남이 다 한다고 부화뇌동하지 마라. 너는 네 생각대로 움직이는 편이 좋다.

- **사면초가(四面楚歌)** 사방에서 초나라 노랫소리가 들린다는 뜻. 적에게 완전히 포위당하여 고립된 상태를 일컬음.
▶ 내수는 살아날 기미를 보이지 않고 통화전쟁 등 대외 리스크는 커져만 가니 한국 경제가 가히 사면초가 상황에 처해 있다고 해도 과언이 아니다.

- **사상누각(砂上樓閣)** 모래 위에 지은 누각, 기초가 견고하지 못함.
▶ 아무리 IT인프라를 구축해도 철통같은 보안 시스템이 갖춰지지 않으면 그야말로 사상누각에 불과하다.

- **사족(蛇足)** 화사첨족(畫蛇添足)의 준말. 뱀을 그리는데 발까지 그려 넣는다는 뜻으로 하지 않아도 될 일을 공연스레 하는 것, 또는 필요 이상의 일을 함을 일컬음.

▸ 글을 쓸 때 괜스레 이런저런 설명을 더하다가 <u>사족</u>을 붙이는 우를 범해서는 안 된다.

● **사필귀정(事必歸正)** 모든 일은 반드시 바른 데로 돌아감.

▸ 억울함을 호소하던 그 재소자는 결국 무죄 판결을 받았다. 그를 믿었던 우리는 모두 <u>사필귀정</u>이라 생각했다.

● **살신성인(殺身成仁)** 자기 몸을 희생하여 인(仁)을 이룩한다는 뜻. 몸을 바쳐 올바른 도리를 행하는 것을 말한다.

▸ 중국의 한 버스기사는 자신의 목숨이 위태로운 가운데 <u>살신성인</u>의 자세로 승객의 목숨을 먼저 구하고 세상을 떠났다.

● **상전벽해(桑田碧海)** 뽕나무 밭이 변하여 푸른 바다가 된다는 뜻으로, 세상일의 변천이 심함을 비유적으로 이르는 말. 벽해상전(碧海桑田), 상전창해(桑田蒼海), 창상(滄桑)이라고도 함.

▸ 그 많던 논밭이 이렇게 모두 고층빌딩 숲으로 바뀌다니 그야말로 <u>상전벽해</u>가 아닐 수 없다.

● **삼고초려(三顧草廬)** 중국 삼국 시대에 유비가 제갈량의 초가집을 세 번이나 방문하여 마침내 그를 군사(軍師)로 삼았다는 데서 유래한 말로, 인재를 맞아들이기 위해 참을성 있게 노력한다는 뜻이다.

초려삼고(草廬三顧)라고도 함.

▶ 진정한 인재를 얻으려면 한 번 권하는 것으로는 부족하다. <u>삼고초</u>
<u>려</u>라는 말도 못 들어 보았느냐?

● **새옹지마(塞翁之馬)** 모든 것은 변화가 많아서 인생의 길흉화복을 예
측할 수 없다는 뜻.

▶ 인생지사 <u>새옹지마</u>라더니, 그 많던 재산 다 날리고 병까지 들 줄
이야!

● **수구초심(首丘初心)** 여우가 죽을 때 머리를 자기가 살던 굴 쪽으로
둔다는 뜻으로, 고향을 그리워하는 마음을 일컫는 말.

▶ 실향민들에게 <u>수구초심</u>만큼 절절하게 와 닿는 말은 없을지도 모
른다.

● **순망치한(脣亡齒寒)** 입술이 없으면 이가 시리다는 뜻으로 한 쪽이 망
하면 다른 한 쪽도 망함을 일컬음.

▶ 정치에서 보수와 진보는 <u>순망치한</u>의 관계라 할 수 있다.

● **식자우환(識字憂患)** 아는 것이 오히려 걱정이 됨.

▶ 정보의 홍수로 인해 오히려 알아서 병이 되는 <u>식자우환</u>의 상황이
자주 일어난다.

- **아전인수(我田引水)** 자기 논에 물 댄다는 뜻으로 무슨 일을 자기에게 이롭도록 생각하거나 행동함을 이르는 말.
  ▶ 여야 정치권은 프란치스코 교황이 방한 기간 보인 행보와 메시지에 대해 <u>아전인수</u> 격의 해석을 내놓고 있다.

- **안빈낙도(安貧樂道)** 가난한 생활 가운데에서도 편안한 마음으로 도를 즐기며 사는 것을 일컬음.
  ▶ 그는 도시에서의 분주한 삶을 뒤로하고 귀촌하여 <u>안빈낙도</u>하며 살고 있다.

- **양두구육(羊頭狗肉)** 양의 대가리를 내어 놓고 실은 개고기를 판다는 뜻으로, 겉으로는 훌륭하게 내세우나 속은 변변찮음.
  ▶ 우리나라의 법과 제도는 선진국 수준이지만 제대로 관리, 감독되지 않아 <u>양두구육</u> 격인 제도도 비일비재하다.

- **양상군자(梁上君子)** 들보 위의 군자라는 뜻으로, 도둑을 완곡하게 이르는 말이다.
  ▶ 점잖게 말해 <u>양상군자</u>이지 남의 집 대들보 위를 걸어 다니는 녀석은 그야말로 좀도둑 그 이상도 이하도 아니다.

- **어부지리(漁父之利)** 황새와 조개가 싸우는 바람에 어부가 둘 다 잡아

이득을 보았다는 뜻. 쌍방이 다투는 사이에 제3자가 애쓰지 않고 가로챈 이득.

▶ 배우 원빈과 이나영의 열애설이 터지자 사진에 함께 등장한 메르세데스-벤츠 G클래스가 덩달아 유명해지며 <u>어부지리</u>를 톡톡히 누리고 있다.

● **연목구어(緣木求魚)** 나무에 올라가서 물고기를 구한다는 뜻. 도저히 불가능한 일을 하려 함

▶ 이렇게 실업률이 가파르게 상승하는 상황에서 소비심리가 개선되기를 바라는 것은 <u>연목구어</u>나 마찬가지이다.

● **오만방자(傲慢放恣)** 남을 업신여기며 제멋대로 행동함.

▶ 그 정치인은 유권자들 앞에서 <u>오만방자</u>한 여당을 심판하고 지역민들에게 희망을 주는 정치적 소신을 지닌 자신을 밀어 달라고 읍소했다.

● **오비이락(烏飛梨落)** 까마귀 날자 배 떨어진다는 의미. 우연의 일치로 남의 의심을 받거나 난처한 위치에 서게 됨을 이르는 말.

▶ <u>오비이락</u>이라더니, 하필 그 시간에 그 자리에서 그 작자를 만난 것이 문제였다.

- **오십보백보(五十步百步)** 차이가 많지 않아 본질적으로는 다를 바가 없다는 말. 오십보소백보(五十步笑百步).
  ▶ 소비자들은 휴대폰 구입 경로에 대해 어떤 게 더 나은지 논쟁을 펼치고 있지만 따지고 보자면 <u>오십보백보</u>다.

- **오월동주(吳越同舟)** ① 사이가 좋지 못한 사람들이 한 자리에 동석하게 되는 경우, ② 아무리 원수지간이라도 한 배에 탄 이상 목적지에 도착할 때까지 서로 협력하게 된다는 의미.
  ▶ 작금의 국제 정세는 미국과 일본의 밀월에 맞선 중국과 러시아의 <u>오월동주</u>로 표현할 수 있다.

- **온고지신(溫故知新)** 옛것을 익히고 미루어 새것을 앎.
  ▶ 이 젊은 탱고 피아니스트의 음반은 예전의 좋은 점은 살리고 새로운 것을 받아들이는 <u>온고지신</u>의 지혜가 돋보이는 음반이다.

- **와신상담(臥薪嘗膽)** 섶에 누워 쓸개를 맛본다는 뜻으로, 원수를 갚거나 마음 먹은 일을 이루려고 괴로움과 어려움을 참고 견디는 것을 일컬음.
  ▶ 지난 3편이 기대 이하의 성적을 올리며 하락세로 접어들었던 왕년의 톱스타 톰 크루즈가 <u>와신상담</u> 끝에 발표한 작품이 이번 영화인데요.

- **용두사미(龍頭蛇尾)** 용 머리 뱀 꼬리라는 의미. 처음 출발은 야단스럽게, 끝은 보잘 것 없이 흐지부지 되는 것을 일컬음.

  ▶ 시작은 거창했지만 결국 흐지부지, 마무리도 하는 듯 마는 듯 <u>용두사미</u>가 되어 버리고 말았다.

- **우이독경(牛耳讀經)** 쇠귀에 경 읽기. 아무리 가르치고 일러 주어도 알아 듣지 못함을 이르는 말.

  ▶ 그 아이는 아무리 설명해도 입만 아프지 못 알아 듣는다. <u>우이독경</u>이 따로 없다.

- **유비무환(有備無患)** 사전에 준비가 갖추어져 있으면 뒷걱정이 없다는 말.

  ▶ 북한의 끊임없는 국지전적 도발에 지휘관은 모든 병사들에게 <u>유비무환</u>의 자세를 당부했다.

- **일장춘몽(一場春夢)** 인생의 부귀영화는 꿈과 같이 헛됨.

  ▶ 부귀영화를 누리고자 헛된 것을 좇아 살아가는 사람들에게 인생사 <u>일장춘몽</u>이라는 말을 상기시켜 주고 싶다.

- **일촉즉발(一觸卽發)** 조금만 건드려도 곧 폭발할 것 같은 몹시 위험한 상태를 일컬음.

▶ 적국의 포격도발로 인해 <u>일촉즉발</u>로 치닫던 대치 국면이 장기화되는 양상을 보이고 있다.

● **일취월장(日就月將)** 날로 달로 자라거나 발전함.
▶ 한 번 마음먹고 미친 듯이 훈련에 임하니 실력이 <u>일취월장</u>하였다.

● **자승자박(自繩自縛)** 제 줄로 제 몸을 옭아 묶는다는 뜻으로 자신의 말과 행동으로 말미암아 스스로 구속되어 괴로움을 당한다는 의미임.
▶ 제 꾀에 제가 넘어가 스스로 무덤을 판 꼴이 되었으니 <u>자승자박</u>이 아니고 무엇이랴.

● **적반하장(賊反荷杖)** 도둑이 도리어 매를 든다는 뜻. 잘못한 사람이 아무 잘못도 없는 사람을 나무란다는 의미.
▶ 당신네들 치안이 물 샐틈 없었다면 이런 일이 일어났겠소? 피해자를 위로는 못할망정 오히려 심문을 하다니 <u>적반하장</u>도 유분수지.

● **전전긍긍(戰戰兢兢)** 몹시 두려워하여 벌벌 떨면서 조심함.
▶ 언제라도 또 오랑캐들이 쳐들어 올까 민초들은 <u>전전긍긍</u>하였다.

● **전화위복(轉禍爲福)** 나쁜 일이 계기가 되어 오히려 좋은 일이 생김.

▶ 그때 건강이 악화된 것이 오히려 <u>전화위복</u>이 되었어요. 휴식을 취하며 나를 돌아볼 수 있는 계기가 되었으니까요.

- **절치부심(切齒腐心)** 몹시 분하게 여겨 한을 품음.
▶ 그는 지난 번 이유 없이 매를 맞은 것이 분하여 <u>절치부심</u>하였다.

- **조삼모사(朝三暮四)** 아침에 세 개, 저녁에 네 개라는 의미. 간사한 꾀로 남을 속이고 농락하는 것을 일컬음.
▶ 재정을 건드리지 않고 소비 확대를 꾀한다는 정부의 말은 결국 '조삼모사식 정책'이라는 비판을 받고 있다.

- **주마간산(走馬看山)** 말을 타고 달리며 산천을 구경한다는 뜻. 자세히 살피지 않고 대충 보고 지나가는 것을 이르는 말.
▶ 블라디보스톡에 가 보기는 했지만 사업차 잠시 들렀던 것이라 <u>주마간산</u> 격으로 대충 구경하고 말았습니다.

- **중과부적(衆寡不敵)** 적은 수의 사람으로 많은 수의 사람을 대적하지 못한다는 뜻.
▶ 물밀듯 몰려오는 적을 한 개 소대의 화력으로는 당해낼 수 없어 중과부적이었다.

- **진퇴양난(進退兩難)** 나아가지도 물러서지도 못하는 난처한 입장에 처함.
▶ 이대로 밀고 나갈 수도 없고 그렇다고 중도에 포기할 수도 없고 그야말로 <u>진퇴양난</u>이다.

- **천재일우(千載一遇)** 천년 동안 겨우 한 번 만난다는 뜻으로 좀처럼 만나기 어려운 좋은 기회를 이르는 말.
▶ 그가 도움의 손길을 내밀었을 때 <u>천재일우</u>라고 생각했지만 그것은 착각이었다.

- **청출어람(靑出於藍)** 푸른빛이 쪽에서 나왔으나 쪽보다 더 푸르다는 뜻. 제자가 스승보다 낫다는 말.
▶ 박인비는 '세리키즈'의 선두주자로 <u>청출어람</u>의 역사를 만들어냈다.

- **촌철살인(寸鐵殺人)** 한 치의 쇠붙이로도 사람을 죽일 수 있다는 뜻. 간단한 말로 남을 감동하게 하거나 남의 약점을 찌를 수 있음을 이르는 말.
▶ 오디션 프로그램에서 심사위원의 <u>촌철살인</u> 심사평에 도전자들은 모두 긴장했다.

- **침소봉대(針小棒大)** 작은 것을 크게 과장해서 말함.

▶ 매사를 <u>침소봉대</u>하는 자의 말을 귀담아 들을 필요 없다.

● **타산지석(他山之石)** 남의 산에 있는 돌이라도 나의 옥을 다듬는 데에 소용이 된다는 뜻. 다른 사람의 하찮은 언행 또는 허물과 실패까지도 자신을 수양하는 데 도움이 된다는 말.
▶ 로스앤젤레스에서 일어난 폭동을 <u>타산지석</u>으로 삼아 소외된 사람들의 한을 풀어주기 위해 노력해야 한다.

● **토사구팽(兎死狗烹)** 토끼가 잡혀 죽으면 사냥개는 쓸모없게 되어 삶아 먹힌다는 뜻으로, 필요할 때는 쓰고 필요하지 않을 때는 야박하게 버리는 경우를 이르는 말.
▶ 그렇게 부려 먹을 때는 언제고 이제와 필요 없다고 쫓아 내니 나야말로 <u>토사구팽</u>을 당한 것이 아니고 무엇이랴.

● **파죽지세(破竹之勢)** 대나무를 쪼갤 때와 같은 형세. 막힘 없이 무찔러 나아감.
▶ 우리 팀은 초반 부진을 씻고 <u>파죽지세</u>로 연승가도를 달리고 있다.

● **표리부동(表裏不同)** 겉과 속이 다름.
▶ 세종은 불교에 대해 <u>표리부동</u>했던 성리학자들을 경계했다.

- **풍전등화(風前燈火)** 바람 앞의 등잔불이라는 뜻. 매우 위급한 자리에 놓여 있음을 일컫는 말.
  ▶ 국제 신용평가사들이 잇따라 브라질의 국가신용등급 강등을 경고하면서 브라질 현 정권의 운명이 <u>풍전등화</u> 상태에 놓였다.

- **풍수지탄(風樹之嘆)** 효도하고자 하나 이미 부모는 죽고 효행을 다하지 못하는 슬픔을 이르는 말.
  ▶ 그러나 <u>풍수지탄</u>이랄까. 어머니는 기다려 주지 않고 돌아가시고 말았다.

- **함흥차사(咸興差使)** 심부름을 가서 아무 소식이 없이 돌아 오지 않거나 늦게 오는 사람을 비유적으로 이르는 말.
  ▶ 두부 한 모를 사 오라고 심부름을 보낸 아이가 한 시간이 지나도록 <u>함흥차사</u>이다.

- **화룡점정(畵龍點睛)** 용을 그리고 마지막으로 눈동자를 그려 넣는다는 뜻. 최후의 손질을 해서 가장 중요한 부분을 완성시킨다는 의미.
  ▶ 한 번의 손놀림으로 이미지 변신을 할 수 있는 아이라인이야말로 메이크업의 <u>화룡점정</u>이다.

- **허송세월(虛送歲月)** 세월을 헛되게 보냄.

▶ 그는 직업도 없이 부모님 집에 얹혀 살면서 허송세월하고 있다.

- **허심탄회(虛心坦懷)** 마음에 아무런 사념 없이 솔직한 태도.

▶ 둘은 술 한 잔 기울이며 허심탄회하게 그 간의 속사정을 서로에게 털어 놓았다.

- **형설지공(螢雪之功)** 개똥벌레와 눈(雪)으로 이룬 공이라는 뜻. 고생 속에서도 꾸준히 공부하여 얻은 보람을 이르는 말.

▶ 형설지공의 마음으로 노력했던 어린 반기문은 끝내 뜻을 이루었다.

통번역 서비스를
잘 받기 위한 방법

통번역은 행사나 협상, 상업 거래의 성패를 좌우한다. 제대로 의사소통이 되지 않는 만남에서 어떤 성과를 기대할 수 있겠는가? 그런데도 여전히 통번역을 행사장의 얼음조각 장식이나 식사 메뉴 정도의 비중으로 바라 보는 경우가 있다. 정말로 그렇다면, 그리하여 통번역이 그저 구색 맞추기로 들어간 상황이라면 어쩔 수 없다. 하지만 의사소통이 중요한 자리라면 통번역 서비스를 최고로 받기 위해 몇 가지 기억해 두어야 할 점이 있다. 이는 값이 싸다고는 절대 말할 수 없는 통번역 서비스의 소비자 입장에서도 들인 비용 대비 효과를 극대화하는 차원에서 유익한 정보일 것이다.

첫째, 통번역을 요청할 때 어떤 결과를 원하는지 구체적으로 알리도록 하라. 여전히 그저 '잘!' '신속하게 급행으로!' '매끄럽게!'만 외치는 사람들이 적지 않다. 심지어 '알아서!'라고 부탁하는 경우도 있다. 고급 레스토랑에서 주문을 할 때 그저 잘 부탁한다고만 하지는 않을 텐데 말이다. 시간이 충분하지 않으니 최대한 요약해서 전달해 달라는 요구, 출판이 아니라 내용 검토 목적이므로 최대한 빠른 시간 내에 개요만 번역해 달라는 요구, 인용을 위한 작업이니 특정 정보가 나온 부분을 찾아 인용할 만큼만 번역해 달라는 요구, 전문가들이 볼 자료이니 용어는 굳이 한국어로 번역하지 말고 원어 그대로 혹은 영어로 바꿔 달라는 요구 등등 얼마든지 상황에 맞는 요구가 가능하다.

둘째, 통번역 내용 파악을 위한 참고 자료를 충분히 제공하고 필요한 경우 질문에도 답변할 준비를 하라. 사회 구성원들의 외국어 실력이 전반적으로 향상되면서 이제는 회의 자체를 영어로 진행하거나 내부 인력이 통번역 업무를 수행하는 경우도 적지 않다. 이런 상황에서 굳이 외부 통번역사를 섭외해 일을 맡기기로 결정했다면 분명 몹시 난해하고 전문적인 내용일 가능성이 높다. 의뢰 받은 통번역사가 난생 처음 접하는 새로운 분야, 새로운 용어가 쏟아지는 것이다. 물론 통번역사 나름대로 열심히 자료를 수집하고 공부하겠지만 해당 분야의 전문가인 서비스 발주자 측에서 도움을 준다면 훨씬 더 효율적인 준비가 가능하다. 통번역사의 질문에 답할 때에도 "그냥 영어 단어 뭐라고 하면 됩니다."라고 하기보다는 "어떠어떠한 공정에서 나오는 개념이고 재료를 어떻게 하는 과정을 말하는데 영어로는 이러이러한 단어로 표현한다." 정도로 설명한다면 내용을 더 잘 이해한 통번역사의 정확한 결과물을 기대할 수 있게 된다.

셋째, 통번역 상황과 관련된 정보도 제공하라. 기획서, 행사 개요, 관련된 기존 자료의 번역본, 전년도 행사 자료집 등이 여기 해당된다. 왜 어떤 의도로 행사가 열리는지, 누가 참석할 것인지, 전년도 회의에서는 어떤 문제에 대해 어떤 내용이 논의되었는지 등의 정보는 상황 맥락 파악에 큰 도움이 된다. 번역이라면 최종 결과물이 어떻게 만들어질지에 대한 정보도 필요하다. 한 페이지에 외국어와 한국어 텍스트가 나란히 실리는 경우 분량 조절이나 고유 명사 처리 등의 전략이 달라질 수 있다.

이제는 고객도 조금씩 달라지고 있다. 별도 비용을 지불하고 사전 미팅을 잡는 경우도 있고 프레젠테이션을 미리 시연하여 통역사에게 준비를 시키기도 한다. 더 필요한 자료는 없느냐고 묻기도 한다.

물론 그럼에도 불구하고 기밀사항이라며 참고 자료를 전혀 제공하지 않는 경우, 자료 취합이 늦어졌다거나 자료가 수정되었다면서 행사가 임박해서야 겨우 텍스트를 넘겨주는 경우, 발표문을 아예 주지 않고 들리는 대로 통역하라는 경우 등 제대로 통번역 서비스가 이루어질 수 없는 상황도 여전히 드물지 않다. 이런 경우 장님 코끼리 만지기 식으로 통번역을 준비하고 작업해야 하니 그 결과물의 품질은 떨어질 수밖에 없다.

전문가들이 모여 앉은 회의 통역 상황 혹은 기관 간 주고받는 문서

번역 상황에서 국외자는 오로지 통번역사뿐인 경우가 많다. 그 상황에서 의사소통을 책임지는 유일한 존재가 통번역사임을 생각한다면 참으로 역설적이지만 말이다.

통번역사는 마술사가 아니다. 사전 공부와 준비를 바탕으로 이해하고 전달하는 사람이다. 그 사전 공부와 준비에 대한 지원이 충분하면 충분할수록 결과는 더 좋을 것이다. 통번역을 통해 성공적 소통이 이루어지려면 우선 발주자와 통번역사 사이의 원활한 소통부터 필요하다는 점을 기억했으면 한다.

글로벌 인재들을 위한
한국어 특강

첫판 1쇄 펴낸날 2016년 3월 10일

지은이 | 성초림, 이상원, 김진숙
펴낸이 | 지평님
본문 조판 | 성인기획 (010)2569-9616
종이 공급 | 화인페이퍼 (02)338-2074
인쇄 | 중앙P&L (031)904-3600
제본 | 서정바인텍 (031)942-6006

펴낸곳 | 황소자리 출판사
출판등록 | 2003년 7월 4일 제2003-123호
주소 | 서울시 영등포구 양평로 21길 26 선유도역 1차 IS비즈타워 706호 (150-105)
대표전화 | (02)720-7542   팩시밀리 | (02)723-5467
E-mail | candide1968@hanmail.net

ISBN 979-11-85093-38-3 03700

* 이 도서의 국립중앙도서관 출판시도서목록(CIP)은 서지정보유통지원시스템 홈페이지
  (http://seoji.nl.go.kr)와 국가자료공동목록시스템(http://www.nl.go.kr/kolisnet)에서 이용
  하실 수 있습니다.(CIP제어번호: CIP2016003885)

* 잘못된 책은 구입처에서 바꾸어드립니다.